PROCESSOS DE DESIGN THINKING

✱ Os livros dedicados à área de DESIGN têm projetos que reproduzem o visual de movimentos históricos. Neste módulo, as aberturas de partes e capítulos geométricas e os títulos em linhas redondas e diagonais fazem referência aos pôsteres da Bauhaus, a icônica escola alemã de *design*, arquitetura e artes plásticas.

PROCESSOS DE DESIGN THINKING

Guaracy Carlos da Silveira

Rua Clara Vendramin, 58 . Mossunguê . CEP 81200-170 . Curitiba . PR . Brasil
Fone: (41) 2106-4170 . www.intersaberes.com . editora@intersaberes.com

Conselho editorial
Dr. Alexandre Coutinho Pagliarini
Drª Elena Godoy
Dr. Neri dos Santos
Mª Maria Lúcia Prado Sabatella

Editora-chefe
Lindsay Azambuja

Gerente editorial
Ariadne Nunes Wenger

Assistente editorial
Daniela Viroli Pereira Pinto

Preparação de originais
Palavra Arteira Edição e Revisão de Textos

Edição de texto
Camila Rosa
Palavra do Editor

Capa
Débora Gipiela (*design*)
YRABOTA/Shutterstock (imagem)

Projeto gráfico
Bruno Palma e Silva

Diagramação
Rafael Zanellato

Designer **responsável**
Charles L. da Silva

Iconografia
Regina Claudia Cruz Prestes
Sandra Lopis da Silveira

Dados Internacionais de Catalogação na Publicação (CIP)
(Câmara Brasileira do Livro, SP, Brasil)

Silveira, Guaracy Carlos da
  Processos de design thinking / Guaracy Carlos da Silveira. -- Curitiba, PR : InterSaberes, 2024.

  Bibliografia.
  ISBN 978-85-227-1314-1

  1. Criatividade nos negócios 2. Cultura organizacional 3. Desenvolvimento organizacional I. Título.

24-200323   CDD-658.4063

Índices para catálogo sistemático:
1. Design thinking : Criatividade nos negócios : Administração   658.4063

Cibele Maria Dias – Bibliotecária – CRB-8/9427

1ª edição, 2024.
Foi feito o depósito legal.
Informamos que é de inteira responsabilidade do autor a emissão de conceitos.
Nenhuma parte desta publicação poderá ser reproduzida por qualquer meio ou forma sem a prévia autorização da Editora InterSaberes.
A violação dos direitos autorais é crime estabelecido na Lei n. 9.610/1998 e punido pelo art. 184 do Código Penal.

SUMÁRIO

Apresentação **8**

Como aproveitar ao máximo este livro **12**

1 **O que é design thinking** **18**

1.1 A busca pela inovação **19**

1.2 Design centrado no usuário **24**

1.3 Entendendo o design thinking **29**

1.4 Etapas do design thinking **33**

1.5 O design thinking e o contexto empresarial **37**

2 **Empatia: a capacidade de se colocar no lugar do usuário** **48**

2.1 Etapa I: empatia **49**

2.2 A colaboração com os *stakeholders* **52**

2.3 Imersão preliminar **56**

2.4 Imersão em profundidade **61**

2.5 Organização dos *insights* **67**

3 **A definição do problema a ser resolvido** **78**

3.1 Etapa II: definição **79**

3.2 A criação de personas **84**

3.3 O mapa de empatia **89**

3.4 A jornada do usuário **93**

3.5 A definição do problema **98**

4 Ideação: liberando a criatividade 110

4.1 Etapa III: ideação 111

4.2 *Brainstorming*: processo gerador de ideias 115

4.3 A cocriação no design thinking 121

4.4 Design sprint 126

4.5 O refinamento das ideias 132

5 A prototipagem para testar ideias 146

5.1 Etapa IV: prototipagem 147

5.2 Tipos de protótipos 152

5.3 *Storyboard* e *storytelling* 158

5.4 A validação na identificação de oportunidades 163

5.5 Entrevistas e observação 167

6 A implementação da solução 180

6.1 Etapa V: implementação 181

6.2 A criação de um plano-piloto de implementação 186

6.3 O design thinking e a cultura organizacional 191

6.4 A importância do alinhamento com a organização
e o mercado 196

6.5 A criação de experiências significativas para o usuário 200

Estudo de caso 210

Considerações finais 215

Referências 218

Respostas 224

Sobre o autor 235

APRESENTAÇÃO

Em um mundo que passa por constantes mudanças e transformações, a capacidade de inovar tornou-se uma competência fundamental para empresas, organizações e indivíduos que almejam prosperar. O design thinking emergiu como uma solução para essa questão: um misto de filosofia e prática de projeto que nos orienta a desafiar convenções tradicionais, redefinindo a forma como tratamos os problemas complexos de modo a criarmos soluções significativas.

Este livro busca introduzir o leitor na prática e filosofia do design thinking, o qual, como filosofia, busca transcender os limites da criatividade e da empatia e, como prática, constitui um método poderoso para a inovação. Por meio de exemplos práticos, *insights* e exercícios, vamos mergulhar de cabeça no design thinking, mostrando como ele pode ser aplicado em qualquer contexto. O design thinking é o ponto em que a criatividade se encontra com a empatia para buscar a solução de problemas.

Esta obra é feita para todos aqueles que desejam inserir criatividade em sua vida ao mesmo tempo que precisam resolver problemas, seja um designer experiente, seja um líder empresarial, seja um empreendedor à procura de novas abordagens para os desafios. No decorrer deste livro, vamos apresentar as ferramentas e técnicas que tornam o design thinking uma metodologia poderosa.

Embora o design thinking tenha uma estrutura cíclica em que as etapas anteriores podem ser retomadas sempre que sentirmos necessidade, este livro foi estruturado de modo a seguirmos seu processo etapa por etapa.

No primeiro capítulo, abordaremos as questões conceituais que fundamentam a proposta do design thinking, mostrando a relação entre design e inovação, bem como o conceito de design centrado no usuário. A partir da apresentação do design thinking, descreveremos as etapas que compõem seu processo e a importância de sua aplicação no contexto de competição do mercado atual.

O segundo capítulo será dedicado à etapa inicial do processo de design thinking, conhecida como *empatia*. Trataremos da criação de equipes para a solução de problemas e da condução destas em direção à empatia; para isso, será necessário identificar os *stakeholders* envolvidos. Sistematizaremos o processo de empatia com o usuário, seja por meio de imersão preliminar, seja por meio de imersão em profundidade, e veremos como se deve proceder na sistematização de todos os aprendizados gerados.

No terceiro capítulo, prosseguiremos em nossa jornada, entrando na etapa de definição, momento crucial em que se realizam o enquadramento e a definição do problema que se busca resolver com o design thinking. Apresentaremos ferramentas muito úteis nesse processo, como a criação de personas, o mapa de empatia e a jornada do usuário.

No quarto capítulo, abordaremos a etapa da ideação, momento em que se estimula a criatividade para gerar um grande volume de soluções, as quais, por meio de um processo de apuro e refinamento, vão fomentar a proposta criativa. Destacaremos ferramentas como *brainstorming*, cocriação e design sprint para apresentar alguns dos principais processos utilizados para a geração de ideias.

No quinto capítulo, trataremos da prototipagem, momento em que se busca dar materialidade às propostas de solução de modo que possam ser validadas com os usuários para o recebimento de *feedback*. Descreveremos os principais tipos de protótipos e conceituaremos *storyboard* e *storytelling*, que são particularmente úteis ao desenvolvimento de práticas de design thinking. No que se refere à validação do usuário, veremos como conduzir entrevistas, observações e testes. No sexto e último capítulo, enfocaremos a implementação de soluções, considerando o impacto do design thinking na cultura organizacional, a importância do alinhamento com a organização e o mercado, bem como a criação de experiências significativas para o usuário. De modo a facilitar esse processo, mostraremos como se faz a criação de um plano-piloto de implementação.

Em um mundo que tem demandado respostas ágeis e soluções inovadoras, o design thinking ganhou destaque por ser uma ferramenta/filosofia confiável para nos orientar na jornada da inovação. Esperamos que essa ferramenta consiga encantá-lo.

Boa leitura!

COMO APROVEITAR AO MÁXIMO

ESTE LIVRO

Empregamos nesta obra recursos que visam enriquecer seu aprendizado, facilitar a compreensão dos conteúdos e tornar a leitura mais dinâmica. Conheça a seguir cada uma dessas ferramentas e saiba como estão distribuídas no decorrer deste livro para bem aproveitá-las.

CONTEÚDOS DO CAPÍTULO:

Logo na abertura do capítulo, relacionamos os conteúdos que nele serão abordados.

APÓS O ESTUDO DESTE CAPÍTULO, VOCÊ SERÁ CAPAZ DE:

Antes de iniciarmos nossa abordagem, listamos as habilidades trabalhadas no capítulo e os conhecimentos que você assimilará no decorrer do texto.

SÍNTESE

Ao final de cada capítulo, relacionamos as principais informações nele abordadas a fim de que você avalie as conclusões a que chegou, confirmando-as ou redefinindo-as.

QUESTÕES PARA REVISÃO

Ao realizar estas atividades, você poderá rever os principais conceitos analisados. Ao final do livro, disponibilizamos as respostas às questões para a verificação de sua aprendizagem.

QUESTÕES PARA REFLEXÃO

Ao propormos estas questões, pretendemos estimular sua reflexão crítica sobre temas que ampliam a discussão dos conteúdos tratados no capítulo, contemplando ideias e experiências que podem ser compartilhadas com seus pares.

ESTUDO DE CASO

Nesta seção, relatamos situações reais ou fictícias que articulam a perspectiva teórica e o contexto prático da área de conhecimento ou do campo profissional em foco com o propósito de levá-lo a analisar tais problemáticas e a buscar soluções.

CAPÍTULO 1

O QUE É DESIGN THINKING

Conteúdos do capítulo:

- Design e inovação.
- Design centrado no usuário.
- Conceito de design thinking.
- Etapas do design thinking.
- Design thinking e contexto empresarial.

Após o estudo deste capítulo, você será capaz de:

1. identificar a relação entre design e inovação;
2. explicar o que é design centrado no usuário;
3. conceituar design thinking;
4. descrever as etapas do processo de design thinking;
5. reconhecer a importância do design thinking no contexto empresarial.

Neste capítulo, daremos início à nossa jornada pelo design thinking, abordando a importância de práticas de design centradas no usuário. Você compreenderá por que a inovação se tornou um dos principais fatores de diferencial competitivo para as empresas e como o design thinking pode contribuir na busca de soluções criativas e inovadoras.

Buscaremos esclarecer que o design thinking pode ser entendido como uma metodologia de soluções de problemas complexos que estimula a empatia e a cooperação num processo prático, bem como uma filosofia que orienta a questionar o estado atual das coisas a partir da ótica do usuário. Apresentaremos todas as etapas que compõem o processo do design thinking, para posteriormente tratarmos de cada uma delas em profundidade. Finalizaremos o capítulo apontando as principais contribuições do design thinking para as empresas.

1.1 A busca pela inovação

O design e a inovação são forças fundamentais que têm impulsionado o progresso da humanidade; esses conceitos estão entrelaçados e influenciam-se mutuamente, desempenhando importante papel na forma como moldamos o mundo à nossa volta. A inovação é a força que gera o progresso, tendo a capacidade de romper com as normas estabelecidas de modo a encontrarmos novas maneiras de fazermos as coisas.

No meio empresarial, a inovação é o objetivo final do processo gerencial, sendo o resultado da introdução de algum elemento com certo grau de novidade capaz de criar valor econômico. Uma definição concisa de *inovação* no contexto empresarial é: "inovação é uma ideia criativa que atende as necessidades e expectativas dos clientes, que ao ser empreendida se torna comercialmente viável, dando retorno a todos os *stakeholders*[1] envolvidos no processo" (Serafim, 2012, p. 29). No atual cenário empresarial, marcado pela competição global, inovar deixou de ser uma possível estratégia de negócios e passou a ser um imperativo. As organizações têm encontrado dificuldade em se manter no topo de seu ramo de negócios quando são confrontadas com mudanças, em especial aquelas que são oriundas de novas tecnologias. O futuro das empresas será determinado por sua capacidade de abandonar suas práticas de negócio tradicionais e adotar métodos inovadores.

Embora a inovação seja uma poderosa estratégia competitiva, ela só é efetivada quando a empresa tem o cliente como foco de seus processos, uma vez que é para o cliente que as organizações buscam criar valor. É nesse contexto que o design pode dar sua contribuição. Mais do que um mero processo estético, o design é uma abordagem holística voltada para a resolução de problemas e a criação de soluções que são centradas no ser humano. Ele é o resultado da combinação de elementos provenientes das artes, das ciências e da tecnologia, com uma boa dose de empatia, aplicados na concepção de produtos, serviços e experiências que atendam às necessidades e aos desejos das pessoas. Pense no design como a ponte que liga a imaginação à realidade, tornando possível que as ideias ganhem vida e passem a ser tangíveis.

---

1   *Stakeholders* são todas as pessoas, empresas ou instituições que têm algum tipo de interesse na gestão e nos resultados de um projeto ou organização, influenciando ou sendo influenciadas, direta ou indiretamente, por ela.

Quando combinamos design e inovação, temos um imenso potencial de transformação que busca transcender barreiras, propondo soluções surpreendentes para problemas complexos. Nesse sentido, o ato de inovar não se restringe somente aos produtos e aos processos – a inovação pode resultar na criação de novos mercados. Tomemos como exemplo a empresa Amazon: a principal inovação que resultou em seu sucesso não é a tecnologia que a empresa utiliza, mas seu entendimento de que podia criar um mercado digital para o consumo de produtos físicos. A inovação também pode ser o resultado de se repensar a forma como se presta um serviço; o WhatsApp, por exemplo, mudou a maneira como compreendemos os serviços de telecomunicação. Nessa linha, todo o setor bancário está sendo revisado a partir da perspectiva do atendimento digital, em particular no que se refere ao atendimento do cliente.

Empresas que abraçam o design e a inovação como pilares estratégicos tendem a se destacar em seus mercados, uma vez que são capazes de criar uma diferenciação significativa, cativar seus clientes e se adaptar mais rapidamente às mudanças de um mundo em constante evolução. A inovação disruptiva pode até mesmo gerar novos mercados e setores, abrindo caminho para oportunidades que não haviam sido imaginadas.

É comum que a inovação surja como decorrência de pressões externas à empresa. Pense, por exemplo, em como a pandemia de covid-19 forçou as empresas a rever seus formatos de atendimento aos clientes, tendo em vista que qualquer contato presencial ficou impossibilitado. Como resultado, diversas empresas inovaram em seus processos, incorporando o teleatendimento ou sistemas de *drive-thru*, ações que demandaram uma revisão de seus processos e logística.

A inovação também pode estar relacionada a um processo de melhoria das operações em que se busca encontrar novas formas de fazer melhor o que a empresa já faz. Assim, por exemplo, restaurantes, bares e padarias que passaram a utilizar *softwares* de gerenciamento, que centralizam a expedição de pedidos dos clientes e os ordenam para a produção na cozinha, tornaram-se mais eficazes e produtivos do que aqueles em que o processo ainda é baseado no talão de pedidos manual; o único elemento necessário é um celular com o aplicativo de gerenciamento instalado.

Embora a inovação possa assumir as mais diversas formas, podemos classificá-la em quatro dimensões, de acordo com Bessant e Tidd (2019):

1. **Inovações de produto** – O objetivo aqui é incrementar ou modificar os atributos do produto e, consequentemente, a forma como ele é percebido por seus consumidores. No setor automotivo, bons exemplos disso são os carros bicombustíveis e os carros com motor elétrico. No período da pandemia de covid-19, uma empresa conseguiu desenvolver um tecido cuja trama era fina o suficiente para reter o vírus, gerando uma ampla gama de roupas "anti-covid-19".

2. **Inovações de processo** – Objetivam mudar a forma como produtos e serviços são criados e disponibilizados ao consumidor. Tais mudanças não precisam necessariamente impactar o produto, pois, se elas geram benefícios nos processos, como o aumento da produtividade ou a redução dos custos, já são consideradas

inovações. Assim, por exemplo, a introdução de robôs nas linhas de montagens de automóveis permitiu que os fabricantes tivessem um incremento em sua produtividade. De modo análogo, a rede de lanchonetes McDonald's está buscando reduzir seus custos e aumentar a produtividade com a implantação um sistema de autoatendimento por meio de totens com o objetivo de tornar os processos de expedição de pedidos mais eficientes.

3. **Inovação de posicionamento** – Aqui se busca inovar na forma como o produto (ou a categoria em que se encontra) é percebido pelo consumidor. Pense nas bebidas energéticas, por exemplo. A grande inovação da empresa Red Bull não é o produto que ela oferece, mas a criação de uma categoria de produtos totalmente nova, a dos energéticos. Do mesmo modo, o sucesso da rede Starbucks está relacionado ao ambiente que passou a proporcionar para seus clientes, e não ao café em si.

4. **Inovação de paradigma** – O foco é mudar os modelos mentais que orientam o que a empresa faz, o que geralmente acaba por se materializar numa mudança do modelo de negócios da empresa. Tome como exemplo a IBM: o grande processo de inovação pela qual passou foi compreender que ela não era uma empresa que fabricava e vendia computadores, e sim uma provedora de soluções empresariais por meio de tecnologia. O Spotify é um exemplo de inovação com base na mudança do modelo de negócios, pois, em vez de vender músicas no modelo tradicional, passou a oferecer um serviço de assinatura que dá acesso a toda uma biblioteca de músicas.

As empresas entenderam que, para conseguirem inovar em seus resultados, precisam rever seus processos. Os modelos tradicionais de inovação alocam grande parte do dinheiro, esforço e tempo no desenvolvimento de soluções e bem menos esforço na busca do entendimento do problema que precisa ser resolvido. O design thinking surge como uma resposta a esse modelo rígido pautado pela busca de resultados, propondo um modelo que equilibra a busca de soluções com o foco nos usuários dos produtos.

1.2 Design centrado no usuário

O design centrado no usuário é uma abordagem para a concepção e o desenvolvimento de produtos, serviços e sistemas que objetiva colocar o usuário como peça central de todo o processo criativo, garantindo que suas necessidades, desejos e expectativas sejam compreendidos e atendidos de forma eficiente e satisfatória. O propósito é criar experiências significativas, intuitivas e agradáveis para os usuários, o que resulta em propostas de produtos e serviços mais acessíveis, utilizáveis e atraentes.

O termo foi cunhado por Donald Norman em sua obra *Design de sistema centrado no usuário: novas perspectivas na interação humano-computador* (Norman, 1986). A obra propunha um modelo de trabalho que tinha como ponto focal o usuário. Até então os computadores e os *softwares* não tinham como foco a preocupação de serem acessíveis ao usuário como atualmente; sua utilização demandava profundo conhecimento técnico. Norman (2006) é conhecido por seus estudos acerca de objetos mal projetados que, em razão da falta de recursos, confundem as pessoas, tornando-se mais difíceis de serem usados, como as portas cujas maçanetas idênticas em ambos os lados confundem o usuário, que fica sem saber se deve puxá-las ou empurrá-las. Observe a Figura 1.1, em que a primeira porta não deixa claro se o usuário deve puxar ou empurrar a maçaneta; na segunda porta, somente uma opção, a correta, é possível.

Figura 1.1 – **Portas de Norman e design centrado no usuário**

Morakot Kawinchan e Florin Burlan/Shutterstock

O processo de design centrado no usuário é iterativo, ou seja, passa por várias etapas de análise, criação e avaliação, sendo um misto de metodologia e filosofia de projeto que incorpora as necessidades, as metas e o sucesso de sua interação com o usuário final. Ele orienta que tudo o que for destinado ao uso humano deve ser pensado com base na facilidade e na satisfação que os usuários vão experimentar ao interagirem com o produto. Assim, é importante envolver o usuário desde o início do processo, a fim de garantir que a voz dele seja ouvida e suas necessidades sejam atendidas de modo efetivo.

O fundamento do design centrado no usuário é o de que, ao projetar uma interface ou objeto, o designer deve possibilitar que, por meio da interação, o usuário consiga descobrir o que fazer com o objeto ou a interface sozinho. Esse processo é baseado em relacionamentos naturais do usuário com o objeto e não em tutoriais, sendo norteado por sete princípios: 1) descoberta; 2) *affordance*; 3) significante; 4) mapeamento; 5) *feedback*; 6) modelo conceitual; 7) restrições (Norman, 2006).

1. **Descoberta** – O usuário deve ser capaz de determinar quais ações são possíveis de serem realizadas, bem como o atual estado da interface. Os modernos celulares são um bom exemplo desse princípio, pois não é necessária a leitura de um manual para entender sua operação.

2. *Affordance* – Conceito sem equivalente em língua portuguesa, expressa a relação entre um objeto e a pessoa que interage com ele, referindo-se à capacidade do usuário de intuitivamente compreender como o objeto pode ser usado, sem a necessidade de

maiores explicações. Um exemplo clássico desse princípio é a cadeira: embora existam cadeiras de diferentes estilos e formatos, o usuário compreende intuitivamente que elas são feitas para se sentar, sem que alguém precise explicar, isto é, *affordance*.

3. **Significante** – É a capacidade do dispositivo de comunicar como uma ação deve ser realizada. Uma placa em que se lê "empurre" é um exemplo dessa função. O design centrado no usuário busca incorporar esse elemento ao objeto ou interface. Pense, por exemplo, em portas corta-fogo com uma barra antipânico: a pessoa compreende inequivocamente que deve empurrar a barra para abrir a porta.

4. **Mapeamento** – Compreende os sinais que guiam nossas ações quando interagimos com um sistema ou objeto. No rádio do carro, por exemplo, o ato de aumentar o volume é realizado deslocando-se um botão de baixo para cima ou da esquerda para a direita. Ao aumentar o volume do celular, o usuário observará uma barra que vai sendo preenchida conforme o volume aumenta.

5. *Feedback* – Refere-se à capacidade do sistema de informar que uma ação do usuário surtiu efeito. Pense, por exemplo, no ato de desligar o celular. Essa ação geralmente demanda que a pessoa pressione o botão de ligar/desligar por alguns segundos. Mas como se sabe que a ação surtiu efeito? O celular apresenta uma tela de confirmação da ação, seguida de uma animação de desligamento, e alguns modelos complementam essa ação com um som e vibram.

6. **Modelo conceitual** – Esse princípio orienta que se levem em consideração os modelos mentais do usuário. Por exemplo,

fomos alfabetizados realizando a leitura da esquerda para direita, então assumimos que o padrão "normal" de deslocamento para o usuário se dá dessa forma, sendo utilizado em todas as publicações. Caso você tenha um livro ou mangá japonês em mãos, vai constatar que a capa está no que você considera ser "as costas do livro"; do mesmo modo, o ato de folhear o livro se dá no sentido inverso do que você pode considerar ser o "padrão".

7. **Restrições** – São ações projetadas de maneira a restringir interações indesejadas ou não permitidas por parte do usuário. Por exemplo, vidros de remédios são projetados de forma que crianças não consigam abri-los. O *chip* do celular também é um bom exemplo, pois seu formato específico só permite que ele seja inserido corretamente em uma posição.

Norteado por esses princípios, o designer coloca o usuário no centro de seus projetos, objetivando criar dispositivos que possam ser compreendidos de modo mais intuitivo. Uma das grandes vantagens do design centrado no usuário é sua capacidade de reduzir erros e retrabalhos, uma vez que suas soluções são testadas e validadas com o público-alvo antes de serem produzidas em larga escala. Além disso, ao se realizarem esforços no sentido de compreender em profundidade os usuários, é possível identificar oportunidades de inovação, diferenciando-se da concorrência.

Outro benefício desse processo é a acessibilidade. Quando o usuário é colocado no foco do processo de design, produtos e serviços podem ser projetados de forma inclusiva, de acordo com as necessidades de pessoas com diferentes características e habilidades. Uma consequência positiva desse processo é sua contribuição para a construção de relacionamentos mais significativos entre a empresa e seus clientes. Usuários tendem a se sentir valorizados por experiências positivas, o que gera maior engajamento com a marca.

1.3 Entendendo o design thinking

Conforme a atividade econômica mundial foi se deslocando da produção de bens industriais para a prestação de serviços e a geração de conhecimentos, a inovação se tornou um diferencial competitivo poderoso. Uma empresa inovadora não está limitada apenas ao lançamento de novos produtos – ela também busca rever seus processos, serviços e interações com os clientes.

O que devemos ter em mente é que inovação não é sinônimo de novas tecnologias. Produtos e serviços inovadores têm impacto na vida das pessoas, transformando o modo como vivem e trabalham. Assim, para inovar, é necessária uma compreensão profunda do ser humano, idealmente tornando o usuário dos produtos partícipe do processo criativo de inovação, em especial antes que o processo tenha evoluído de tal modo que seja tarde demais para fazer modificações e ajustes.

O design thinking em sua essência é mais do que uma metodologia de trabalho, é uma mentalidade que valoriza a empatia, a colaboração e a experimentação, por meio de uma série de etapas que interconectam e guiam os profissionais na busca por soluções que sejam criativas e viáveis. Ele nasce baseado em uma competência que os designers têm, isto é, profissionalmente, os designers aprenderam a buscar um ponto de equilíbrio entre as necessidades humanas e os recursos tecnológicos de que dispõem, sempre levando em consideração as restrições práticas de um negócio.

Dito de outro modo, na prática profissional, os designers buscam integrar aquilo que é desejável do ponto de vista humano com o que é tecnologicamente e economicamente viável. O design thinking tem como objetivo final apresentar esse modo de pensar para pessoas que não se consideram designers, de maneira que elas possam aplicá-lo a diversas questões.

Os designers aprenderam a trabalhar colocando os seres humanos no centro de seu processo; uma evolução natural de se **fazer** design é o **pensar** design. A ideia que sustenta a prática do design thinking é que o design é importante demais para ser deixado exclusivamente a cargo dos designers:

> O design thinking se baseia em nossa capacidade de ser intuitivos, reconhecer padrões, desenvolver ideias que tenham um significado emocional além do funcional, nos expressar em mídias além de palavras ou símbolos. Ninguém quer gerir uma empresa com base apenas em sentimento, intuição e inspiração, mas fundamentar-se demais no racional e no analítico também pode ser perigoso. A abordagem integrada que reside no centro do processo de design sugere um "terceiro caminho". (Brown, 2010, p. 4)

Você deve estar se perguntando: Afinal, o que o modo como os designers pensam tem de tão diferente? Em sua essência, o pensamento do designer aceita as restrições inerentes aos projetos; de fato, muitos designers abraçam com empolgação as restrições. Podemos pensar nas restrições de um projeto considerando três critérios: a **praticabilidade** – se é funcionalmente possível num futuro próximo –, a **viabilidade** – se o projeto provavelmente se tornará parte de um modelo de negócios sustentável – e a **desejabilidade** – se faz sentido para as pessoas.

Vamos dar um exemplo: durante décadas, a indústria dos *videogames* teve como objetivo principal projetar e lançar máquinas mais poderosas e com melhor desempenho gráfico. Esse objetivo colocou os desenvolvedores de consoles numa espécie de "corrida armamentista" em que o objetivo final era ver quem lançava a máquina mais poderosa. A Nintendo, que já fora líder do mercado de *videogames*, estava vendo sua participação ser devorada por seus concorrentes Xbox, da Microsoft, e Playstation, da Sony. Em vez de investir todos os seus recursos nessa guerra, a Nintendo optou por romper com o círculo vicioso. A empresa compreendeu que os usuários desejam experiências que sejam imersivas e não necessariamente gráficos cada vez melhores. A partir desse *insight*, a empresa concentrou sua pesquisa numa nova tecnologia que permitisse a integração com o jogo por meio de gestos, desenvolvendo um *joystick* (controle de jogo) inovador, que resultou no console Nintendo Wii. Por conta dessa mudança de objetivo, ela conseguiu oferecer ao mercado um console mais barato do que o dos concorrentes, obtendo melhores margens de lucro (Silveira, 2021).

O Nintendo Wii conseguiu o ponto ideal entre praticabilidade, pois era um console que a empresa tinha condições de desenvolver; viabilidade, porque era um modelo de negócio sustentável com boa margem de lucro; e desejabilidade, visto que atendia aos anseios dos jogadores por experiências imersivas. A interação resultante com o console é tão natural que ele passou a ser utilizado como ferramenta terapêutica para idosos e suporte à fisioterapia, sendo empregado como forma de estimular a movimentação e o exercício supervisionados.

O modo de pensar do design thinking tem foco no projeto. Podemos entender por *projeto* o modo pelo qual uma ideia é materializada. Assim, um projeto de design tem começo, meio e fim. O modelo do design thinking orienta o designer a articular uma meta clara a ser alcançada desde o início do projeto, criando prazos finais que impõem uma disciplina ao mesmo tempo que criam oportunidades de avaliação e ajustes de rota no meio do caminho.

A metodologia do design thinking estimula equipes multidisciplinares a atuar como uma equipe interdisciplinar. Em uma equipe multidisciplinar, cada integrante defende sua especialidade técnica, e o projeto se transforma em uma prolongada negociação entre os membros da equipe, em que concessões a contragosto acabam sendo feitas; numa equipe interdisciplinar, todos se sentem donos das ideias e assumem responsabilidades por elas. O resultado da adoção desse modo de pensar fomenta uma cultura de inovação.

É bom lembrar que o pré-requisito básico para que a criatividade se manifeste é que as pessoas sintam que podem fazer experimentos, assumir riscos e explorar novas ideias. Isso costuma ir contra o modelo empresarial tradicional no qual se deve pedir permissão antes de agir, uma vez que está implícita a ausência de permissão para falhas. Dessa maneira, as empresas que desejam fazer uso do design thinking precisam se reorganizar.

1.4 Etapas do design thinking

O design é uma disciplina que tem como principal objetivo promover o bem-estar na vida das pessoas. O designer entende que tudo aquilo que pode prejudicar ou impedir a experiência estética, cognitiva ou emocional do usuário é um problema, sendo sua prática profissional orientada a identificar situações desse tipo e propor soluções para elas. O design entende que os problemas têm natureza diversa e que a solução precisa partir de um mapeamento de cultura, contexto e experiência das pessoas envolvidas como forma de obter uma visão que permita identificar as barreiras e pensar em alternativas para superá-las.

O design thinking compreende que, para identificar e solucionar problemas efetivamente, é preciso abordá-los a partir de diferentes perspectivas, o que faz com que o designer priorize o trabalho em equipes multidisciplinares de modo colaborativo, buscando diferentes olhares para a questão e entendendo que até mesmo o erro pode conduzir ao aprendizado:

> Não há uma consenso ou definição precisa sobre o que é design thinking, mas há uma concordância acerca de seus principais pontos: I) ele é um **processo** que resulta de um plano de ação para melhorar dada situação, II) ele pode ser definido como uma **habilidade** que incorpora uma consciência situacional com empatia no processo de geração de ideias, III) ele é uma **ferramenta** que alimenta o pensamento analítico, bem como o pensamento criativo, para a resolução de problemas, IV) ele é uma **mentalidade** que busca ideias diversas e, às vezes, até mesmo discrepantes que são trabalhadas de modo a encontrar a melhor solução para o desafio posto, V) ele é um **conjunto** de ações e o acúmulo de informações que

são estruturados em um ciclo no qual os problemas são definidos, pesquisados e submetidos ao *feedback* crítico para ajustes. Costumo defini-lo como um processo criativo guiado por problemas específicos e indivíduos na busca por transcender soluções convencionais e óbvias. (Pressman, 2019, p. 4, tradução e grifo nosso)

Assim, o design thinking é mais do que uma metodologia, é uma mentalidade que valoriza a empatia, a colaboração e a experimentação, sendo estruturado numa série de etapas interconectadas que conduzem os envolvidos na busca por soluções criativas e viáveis. As etapas do design thinking são: empatia, definição, ideação, prototipagem e implementação.

A seguir, apresentamos a descrição de cada uma dessas cinco etapas:

1. **Empatia** – O primeiro estágio do processo de design thinking é a empatia, que orienta a buscar a compreensão do usuário, suas necessidades e objetivos. Para tal, é preciso engajar-se com indivíduos que conheçam as necessidades do usuário nas áreas emocional e psicológica. Isso demanda escuta ativa, observação e empatia genuína de modo a poder entender o ponto de vista dos envolvidos. Por meio da pesquisa do contexto do problema e da perspectiva de todos os *stakeholders*, é possível compreender os pontos relevantes, os conflitos e as restrições. Utilizando-se entrevistas, etnografias e consultas com as pessoas-chave que detêm conhecimento sobre o assunto, busca-se gerar um panorama rico que vai alimentar a investigação do design, gerando ideias.

2. **Definição** – Aqui se revisam criticamente todos os achados da etapa anterior com o objetivo de definir o problema a ser resolvido, pensando criticamente a partir da perspectiva do usuário.

É comum que o real problema esteja mascarado, sendo possível confundir os sintomas com a causa. A orientação é que se questione qual é o estado atual das coisas e quais são as presunções iniciais, a fim de definir ou redefinir o problema, buscando clareza e ordem. Esta etapa envolve a síntese das descobertas para identificar o foco do trabalho e estabelecer metas claras.

3. **Ideação** – De posse de uma visão clara do problema, agora se pode trabalhar na solução. Nesta etapa, a criatividade é estimulada de modo a gerar uma ampla gama de ideias e soluções possíveis. Neste estágio, diversas metodologias e exercícios criativos são utilizados a fim de produzir ideias com base nas informações e dados que foram coletados. A colaboração é fundamental e equipes multidisciplinares são estimuladas a pensar de forma divergente, combinando diferentes influências para criar conceitos e esboços. A etapa final deste estágio consiste em refinar o grande número de ideias geradas, escolhendo as mais promissoras.

4. **Prototipagem** – Uma vez que forem selecionadas as melhores ideias da etapa anterior, elas devem ser experimentadas para verificar quais delas se sustentam. As ideias começam a ganhar forma tangível e, por meio da criação de protótipos simples, examina-se cada solução, buscando capturar e eliminar possíveis falhas ou limitações que elas tenham. Depois que se determina a melhor ideia, a equipe aumenta o nível de complexidade do protótipo de modo a gerar modelos que tornem possíveis a manipulação, a experimentação e a interação com usuários reais para obter *feedback*, o qual será utilizado para as revisões. A partir do sucesso ou das falhas resultantes desta etapa, obtém-se aprendizado.

5. **Implementação** – Com base no *feedback* recebido, as soluções são refinadas e aprimoradas, repetindo-se o processo até que se obtenha uma solução que atenda de maneira eficaz e inovadora às necessidades identificadas na fase inicial. Uma vez que uma solução final satisfatória tenha sido desenvolvida e testada, é hora de planejar sua implementação. Neste momento, fatores como viabilidade técnica, recursos necessários e estratégias de lançamento devem ser considerados.

O ciclo do design thinking está sintetizado na Figura 1.2.

Figura 1.2 – **O ciclo do design thinking**

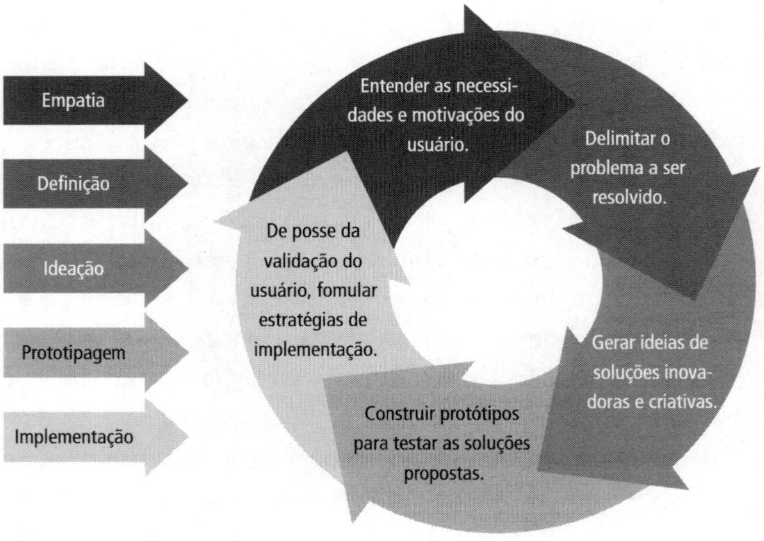

O que o design thinking tem de tão diferente dos processos tradicionais? Ele admite que não há uma única resposta correta para o problema, e sim múltiplas soluções, sendo que algumas delas podem ser melhores do que outras; o design thinking se constitui num ciclo de aprendizado. Muitos profissionais entendem que o design thinking deve ser utilizado como forma de complementar outros modelos de resolução de problemas de modo a trazer diversidade e novas perspectivas para a resolução de questões complexas. Ele se destaca por sua abordagem flexível e iterativa, que dá espaço para ajustes no decorrer do processo de acordo com a obtenção de informações e *insights*, estimulando uma mentalidade aberta que considera os erros como oportunidades de aprendizagem e aprimoramento, também aberta ao fracasso.

O principal ponto é que essa metodologia não é exclusiva dos designers, ou seja, qualquer pessoa de qualquer setor pode aplicar os princípios do design thinking para resolver problemas complexos, impulsionando a inovação por meio da colaboração interdisciplinar que busca explorar novas perspectivas.

1.5 O design thinking e o contexto empresarial

O design thinking é uma abordagem que coloca a experiência do usuário no centro do processo criativo, promovendo uma cultura de colaboração, empatia e experimentação. Ele orienta os profissionais a adotar um padrão de pensamento e, consequentemente, de ação que é diferente. Ele redefine a forma como as empresas abordam desafios e oportunidades, abandonando a busca por soluções-padrão e esforçando-se em compreender as necessidades, os desejos e as frustrações dos clientes. A empatia passa a ser o guia na jornada pela inovação, fazendo com que as empresas projetem produtos e serviços que de fato resolvem problemas e melhoram a vida das pessoas. Sua proposta de criação de equipes multidisciplinares que trazem diferentes perspectivas e habilidades gera *insights* únicos, que estimulam a quebra de paradigmas e a implementação de soluções inovadoras. A partir da virada do milênio, as empresas mais inovadoras e vigorosas foram aquelas que adotaram práticas e processos que se alinham à filosofia do design thinking. Quais são os elementos que tornam essas empresas tão diferentes? Detalharemos cada um deles a seguir:

- **Mão na massa** – Empresas alinhadas ao design thinking são mais práticas e pragmáticas por entenderem que, no competitivo cenário empresarial, é mais eficaz construir protótipos e colocá-los em interação com o mundo real do que se aprofundar em discussões teóricas e reuniões intermináveis. Essa postura "mão na massa" faz com que ideias e conceitos abstratos sejam tratados de modo a terem uma manifestação tangível; essa ação, por sua vez, faz com que a relação entre os membros da equipe seja mais pragmática, além de facilitar o processo de comunicação com todos os *stakeholders*. Uma vez que se cria um protótipo, as incertezas podem ser visualizadas, discutidas e ajustadas e conceitos abstratos se tornam palpáveis.

- **Aprendizagem por meio da prática** – O design thinking compartilha os princípios da gestão ágil, em que a exploração e a reflexão devem acontecer por meio da ação. Ao colocarem a mão na massa, os profissionais estão ativando seus processos mentais, o que acaba por gerar novas ideias. Os *insights* decorrentes podem ser incorporados ao projeto e testados com rapidez, acelerando o processo de aprendizagem.

- **Lidando com a ambiguidade** – A abordagem empresarial tradicional busca tratar problemas complexos estruturando-os e buscando clareza. Os gerentes de projeto tradicionalmente aprendem a colocar o foco em seus projetos e reduzir os riscos o mais cedo possível e, quando são incapazes de determinar o real problema de um projeto por conta da ambiguidade, falham por não saber como lidar com ela. Os praticantes do design thinking convivem melhor com a ambiguidade e as incertezas.

- **Manifestação visual** – Praticantes do design thinking tendem a dar preferência a formas de expressão visual. Assim, por exemplo, em vez de alimentarem um sistema com dados, eles cobrem uma parede com notas adesivas (Post-It). Em vez de abordarem conceitos abstratos, constroem protótipos, num processo que transforma ideias em rascunhos que permitem o registro e a visualização de conceitos. Essa modalidade de comunicação visual torna a compreensão das coisas mais intuitiva e dinâmica, além de contribuir para a ordenação de ideias e de abordagens a partir de diferentes perspectivas.

- **Criatividade** – Uma decorrência da adoção do design thinking é o aumento da criatividade, visto que ele incentiva a criação de um fluxo contínuo de apresentação de ideias, num processo perpétuo de renovação, em que os profissionais sempre devem confrontar os padrões atuais com novas possibilidades. O design thinking estimula que as subjetividades dos indivíduos sejam usadas em conjunto com as competências técnicas, em especial quando se busca compreender o projeto pelos olhos dos consumidores, resultando em ideias criativas.

Para Uebernickel et al. (2020), o design thinking se firmou como um método estruturado para os complexos processos de inovação e desenvolvimento enfrentados pelas empresas, tornando possível uma série de entregas diferenciadas. Uma das mudanças decorrentes de se colocar o usuário no centro dos processos é ter maior certeza de que os resultados obtidos vão ao encontro dos desejos dele, o que gera mais **eficácia na busca de soluções inovadoras**. Além disso, uma vez que o processo de validação com os usuários é parte integrante do design thinking, a equipe consegue **detectar e reduzir falhas** de design nos estágios iniciais do projeto.

Um dos grandes benefícios da adoção do design thinking como filosofia é que ele **ajuda o profissional a fazer as perguntas certas**, o que pode significar a diferença entre o fracasso e o sucesso das empresas, como no caso do Nintendo Wii. O design thinking orienta o profissional a expressar as questões de forma mais precisa e estimula que a revisão seja constante.

Um dos pedidos mais comuns dos gerentes é que seus subordinados tentem "pensar fora da caixa". Contudo, estruturalmente, as organizações são concebidas de modo a mitigar ou até mesmo coibir qualquer tipo de pensamento divergente. O design thinking oferece um modo de **introduzir a ambiguidade e o pensamento divergente** de forma controlada. Além disso, como ele orienta que o projeto evolua por meio da construção de protótipos que devem materializar as ideias, os **resultados são mais tangíveis**.

Uma das mudanças comportamentais mais notáveis em times que adotam o design thinking ocorre na comunicação. Em vez de seus membros prepararem extensas apresentações, o time aprende a apresentar protótipos para a gerência, o que permite que esta dê respostas imediatas, focadas e concretas em relação à solução proposta, tornando a **comunicação mais eficaz**. Além disso, a abordagem iterativa do design thinking dá preferência a entregas rápidas e parciais de modo a permitir que os resultados possam ser ajustados e as soluções propostas sejam testadas à medida que são desenvolvidas, dando **agilidade** ao projeto.

Em última instância, o design thinking entende que erros e falhas ocorrerão em qualquer processo e, assim, devem ser encontrados e tratados o mais rápido possível, gerando um conteúdo que será incorporado na forma de aprendizagem, o que se aplica até mesmo aos pressupostos do projeto. A detecção e a rápida correção dos erros **reduzem os riscos** do projeto.

SÍNTESE

Neste capítulo, vimos que a inovação se tornou um imperativo competitivo para as empresas no mercado globalizado. As empresas que abraçam o design e a inovação como pilares estratégicos têm se mostrado mais resilientes e destacam-se em seus mercados, sendo capazes de criar uma diferenciação significativa, cativar seus clientes e adaptar-se mais rapidamente às mudanças.

O design centrado no usuário é uma abordagem que busca entender e satisfazer as necessidades dos usuários, levando em conta suas perspectivas, limitações e aspirações. É uma metodologia que visa à criação de produtos e serviços mais relevantes, eficazes e que proporcionem uma experiência enriquecedora para seus usuários. O design thinking é uma filosofia, bem como um método integrado a um processo de transformação social que reflete uma crescente demanda por criatividade. Como método, ele propõe um modelo gerenciável para o processo criativo. Como filosofia, ao adotarem essa mentalidade e seguirem as etapas do processo, as equipes tendem a gerar soluções impactantes que fazem a diferença no mundo. Com a adoção da filosofia do design thinking, as empresas tendem a se tornar mais voltadas à "mão na massa", aprendendo com a prática e lidando melhor com a ambuiguidade, em especial por meio de manifestações visuais e criatividade. O processo do design thinking tem como principais benefícios a redução de risco, a geração de resultados tangíveis, o estímulo ao pensamento inovador e a geração de uma comunicação mais eficaz.

QUESTÕES PARA REVISÃO

1. Explique com suas palavras o que é o design centrado no usuário.

2. Embora a inovação possa ocorrer de diversas formas, ela pode ser classificada em quatro dimensões. Quais são elas?

3. Considerando os princípios do design centrado no usuário, avalie as afirmações a seguir:

   I. O princípio da descoberta orienta que o usuário deve conseguir determinar quais ações são possíveis de serem realizadas, assim como o estado atual da interface.

   II. Pelo princípio do significante, o dispositivo deve ter a capacidade de comunicar como uma ação deve ser feita.

   III. De acordo com o princípio de *affordance*, os dispositivos devem ser capazes de informar se uma ação surtiu efeito.

   IV. As restrições devem ser projetadas de modo a restringir interações indesejadas ou permitidas por parte do usuário.

É correto apenas o que se afirma em:

- a. I e III.
- b. II e IV.
- c. III e IV.
- d. I, II e III.
- e. I, II e IV.

4. Considere a seguinte descrição: estágio do design thinking que utiliza diversas metodologias e exercícios criativos de modo a gerar uma grande quantidade de ideias com base na informação e nos dados coletados. A descrição refere-se a qual estágio? Assinale a alternativa que apresenta a resposta correta:

- a. Empatia.
- b. Definição.
- c. Ideação.
- d. Prototipagem.
- e. Implementação.

5. Levando em consideração o resultado obtido pelas organizações que fazem uso do design thinking, avalie as afirmações a seguir, determinando se são verdadeiras (V) ou falsas (F).

( ) O design thinking é mais eficaz na busca de soluções inovadoras ao colocar o usuário no centro dos processos.

( ) O design thinking ajuda as empresas no processo de fazer as perguntas certas na hora de definir o problema.

( ) O design thinking introduz a ambuiguidade nos processos de forma controlada, estimulando o pensamento divergente.

( ) O design thinking orienta que o projeto evolua por meio da construção de protótipos que devem materializar as ideias.

( ) O design thinking considera que erros ocorrerão e que eles devem ser encontrados e tratados o mais rápido possível como parte de um processo de aprendizagem.

Agora, assinale a alternativa que corresponde à sequência correta:

a. F, V, F, V, V.
b. F, F, V, V, V.
c. V, V, V, V, V.
d. V, F, V, V, F.
e. F, F, F, V, V.

QUESTÕES PARA REFLEXÃO

1. No texto, apresentamos exemplos de produtos que não levam em consideração seus usuários, como portas que não sabemos se devemos empurrar ou puxar. Você consegue relatar situações de seu cotidiano em que produtos ou serviços não levaram em consideração seus usuários?

2. O pré-requisito básico para que a criatividade se manifeste é que as pessoas sintam que podem fazer experimentos, assumir riscos e explorar novas ideias. Como é a realidade de seu trabalho? Você precisa pedir permissão para agir? Entende que tem liberdade para tentar e errar? Há espaço para a falha?

3rdtimeluckystudio/Shutterstock

CAPÍTULO 2

EMPATIA: A CAPACIDADE DE SE COLOCAR NO LUGAR DO USUÁRIO

Conteúdos do capítulo:

- Etapa I: empatia.
- Colaboração com *stakeholders*.
- Imersão preliminar.
- Imersão em profundidade.
- Síntese dos *insights*.

Após o estudo deste capítulo, você será capaz de:

1. saber como se conduz uma equipe de design thinking na etapa de empatia;
2. identificar os *stakeholders* envolvidos;
3. realizar uma imersão preliminar;
4. saber como se coordenam ações de imersão em profundidade;
5. identificar como se sintetizam os *insights* obtidos.

Neste capítulo, abordaremos a primeira etapa do processo de design thinking, chamada de *empatia*. Nela, a equipe de design thinking busca compreender profundamente as necessidades, expectativas e emoções dos usuários. A etapa foi concebida de modo a promover a colaboração e a inclusão, a fim de que as diferentes partes interessadas participem do processo de design.

Você verá que o processo começa com a identificação de todos os *stakeholders* envolvidos no problema, de maneira que a equipe de design thinking consiga a maior amplitude de visão possível e, assim, realize a imersão na vida do usuário, primeiro de forma preliminar, fazendo investigações, como o *desk research*, para depois se concentrar em entrevistas em profundidade e ações do tipo "um dia na vida" do usuário. Em todas essas etapas, os *insights* gerados pela vivência são registrados e, no final de todo o processo, os achados são sintetizados em um diagrama, que orientará o empreendedor na próxima etapa.

2.1 Etapa I: empatia

O início da jornada de design thinking é a empatia, um conceito poderoso que norteia o caminho para a criação de soluções que são significativas. A empatia começa com um processo de imersão nas circunstâncias e especificidades do problema que se deseja abordar, de modo que as pistas para a solução do problema vão se tornando evidentes conforme as questões são exploradas em profundidade a partir de múltiplas perspectivas. A equipe deve buscar entender o contexto do problema do ponto de vista tanto da empresa como do usuário, numa atitude de mente aberta e desejo genuíno de caminhar "nos sapatos de outra pessoa" e enxergar o mundo a partir das perspectivas dessa pessoa, enfrentando as emoções que ela sente. Essa etapa é inspirada nos procedimentos empregados pela antropologia e objetiva ir além do entendimento superficial da questão, imergindo nela. Considerando-se que nosso mundo está se tornando cada vez mais tecnológico e impessoal, o tempo dedicado à observação efetiva e à interação dos usuários no ambiente natural destes é muito revelador sobre as questões mais prementes, indicando motivações, gerando *insights* e apontando o caminho para possíveis soluções.

Os usuários de qualquer tipo de produto/serviço costumam ter muita dificuldade de articular suas necessidades e os problemas enfrentados, e o processo de imergir no dia a dia dessas pessoas cria a oportunidade de o profissional realizar um diagnóstico mais acurado. A metodologia do design thinking orienta que se adote uma postura de não aceitar diagnósticos de problemas sem questioná-los. Isso é muito positivo, pois, se o foco estiver apenas em resolver os problemas que são postulados, sem aprofundamento na questão, nunca ocorrerá uma real compreensão dos desejos dos usuários, de forma a identificar aquilo que realmente os impulsiona, excita e motiva. O real entendimento desses fatores é o que permite que o profissional crie soluções esclarecedoras, eficazes e inovadoras. Para isso, ele deve realizar entrevistas, observar cuidadosamente as interações cotidianas do usuário e até mesmo tentar vivenciar as experiências desse usuário, deixando de lado os preconceitos e as suposições e abraçando a incerteza e a curiosidade.

Costumamos dizer que dúvidas, anseios e expectativas do usuário são suas "dores", razão pela qual ele potencialmente necessita de determinado produto ou serviço. Apesar de o usuário ser aquele que está mais envolvido em um problema, suas análises e considerações podem ser tendenciosas ou enviesadas, uma vez que a verdadeira causa de sua dor pode estar mascarada por diversos motivos. É comum que a empresa perca a perspectiva da questão ao se concentrar nos sintomas e não nas causas; é por isso que ela deve buscar uma compreensão mais profunda da realidade de seus consumidores.

Na etapa da empatia, o profissional de design thinking é desafiado a fazer perguntas profundas e abertas, escutar com atenção de modo a capturar os detalhes não ditos. É por meio dessa imersão que ele reconhecerá os reais desafios enfrentados pelo usuário e, talvez, as oportunidades ocultas nesses desafios. A empatia não ajuda apenas a compreender as necessidades das pessoas – ela cria um vínculo humano essencial para que seja possível desenvolver soluções eficazes. Ela faz com que o profissional se envolva emocionalmente na resolução dos problemas que encontra.

Como propõe Kolko (2011), a chave para alcançar a sabedoria está ligada à nossa capacidade emocional de empatia, em especial no que se refere às pessoas que vão usar, comprar, considerar ou consumir o design. Para verdadeiramente sentirmos o que é ser outra pessoa, devemos nos identificar com sua cultura, suas emoções e seu estilo pessoal.

Assim, a primeira etapa do design thinking é muito mais do que um mero exercício de pesquisa – é uma busca real pela compreensão do outro, uma oportunidade de cultivar a empatia como ferramental principal da abordagem de design. De fato, ela é o alicerce sobre o qual todo o processo será construído, permitindo que as próximas etapas floresçam com ideias inovadoras e soluções que ressoem as necessidades e desejos reais do usuário.

Vianna et al. (2012) sugerem que o processo de empatia pode ser dividido em duas etapas: a **pesquisa preliminar** e a **imersão em profundidade**. Na pesquisa preliminar, o foco está em entender e enquadrar adequadamente o problema; na etapa de imersão em profundidade, busca-se identificar as necessidades do usuário, reconhecendo os elementos que guiarão o processo de geração de soluções na próxima etapa do design thinking.

O processo começa com reuniões de alinhamento estratégico entre a equipe do projeto e os *stakeholders*, para depois se realizar a pesquisa preliminar a fim de compreender o contexto do assunto a ser trabalhado, identificando os comportamentos que serão investigados a fundo na imersão.

2.2 A colaboração com os *stakeholders*

O primeiro passo de qualquer processo de design centrado no ser humano é compreender o escopo do problema que se quer resolver. Uma vez que se define o design thinking como a busca implacável pela inovação numa jornada criativa que é enriquecida e aprimorada pela colaboração e pela exploração de diferentes perspectivas, a primeira etapa desse processo – e talvez a mais crucial – consiste em promover uma interação com os *stakeholders*. Entenda isso como um mergulho profundo na rede de vozes que compõem o ecossistema do problema a ser resolvido.

A colaboração com os *stakeholders* é muito mais do que uma simples consulta superficial; ela deve engendrar um diálogo autêntico e enriquecedor com diversos indivíduos, grupos e partes interessadas que estão envolvidos direta ou indiretamente na questão. Essa colaboração não só permite o acesso a uma gama diversificada de conhecimentos, experiências e perspectivas, como também gera um senso de propriedade compartilhada do projeto:

> No primeiro estágio do processo de design thinking, você deve buscar enxergar de modo mais amplo possível quem está envolvido no problema e identificar esses *stakeholders*. Um processo de design só pode ser considerado bem-sucedido se o resultado dele for aceito pelo usuário e por todos os outros que têm algum interesse no problema e em sua solução. (Dekker, 2020, p. 59, tradução nossa)

Por definição, *stakeholder* é qualquer pessoa ou grupo de pessoas que tem interesse e/ou pode influenciar o problema em questão, afetando o processo de design. É comum que os *stakeholders* sejam categorizados em três grupos: 1) *stakeholders* internos – membros da organização em que o problema ocorre, tais como colaboradores e gestores; 2) *stakeholders* externos – usuários, clientes, acionistas, fornecedores e mídia; 3) *stakeholders* de interface – políticos, comunidades locais, organizações não governamentais (ONGs), sindicatos e grupos de interesse dos quais a empresa é dependente por conta de leis e regulações.

Nessa etapa, busca-se compreender quais interesses e agendas políticas (às vezes ocultas) existem e podem criar resistência. Investir na compreensão dos *stakeholders*, investigando suas demandas e necessidades, pode gerar informações muito úteis para todo o processo de design. A maioria das organizações tem algum tipo de organograma que define suas divisões e departamentos, estabelecendo um relacionamento hierárquico entre os colaboradores. O design thinking compreende a inovação como sendo parte do trabalho de todos os integrantes da empresa e, como tal, busca informações de todos que possam ter atitude, competência e experiência relevantes para a questão, trabalhando com toda a organização. Assim, um departamento ou gerente não é o responsável pela resolução do problema, e sim toda a organização. Não pense em termos de funções ou hierarquia, mas considere aqueles que podem dar a melhor contribuição, tais como técnicos, assistentes, contadores, consultores e funcionários de linha de frente.

Convidando diferentes partes interessadas para a conversa, o design thinking busca quebrar barreiras e eliminar preconceitos. Cada *stakeholder* traz consigo um conjunto único de vivências, desafios e ideias, elementos que, quando unidos, formam um mosaico completo da situação. Esse processo não apenas enriquece o entendimento do problema, mas também fornece insumos para que a equipe de design thinking questione as próprias suposições e abordagens.

A obtenção de diferentes perspectivas é um lembrete constante de que não há uma única solução correta, e sim uma variedade de caminhos possíveis. Isso se torna particularmente importante à medida que as organizações enfrentam desafios complexos e em constante evolução, em que uma visão única não é suficiente para alcançar uma solução holística.

A pandemia de covid-19 é um excelente exemplo de problema complexo que demanda múltiplos olhares. Logo em seu início, governos de todo o mundo se viram forçados a agir e tomar decisões de modo a garantir a segurança de seus cidadãos num cenário de alto risco e grande incerteza. Norteados pelas recomendações da Organização Mundial da Saúde (OMS), esses governos passaram a atuar no sentido de restringir a circulação da população e estimular práticas de profilaxia. No caso do Brasil, orientações simples como "Procure isolar pessoas com suspeita da doença em um cômodo da casa" e "Lave as mãos com frequência" revelaram-se inefetivas para a parcela mais pobre da população, em que as moradias geralmente têm só um quarto, compartilhado por todos os membros da família, que não dispõem de saneamento básico e orçamento familiar para a compra de produtos de higiene. Qualquer solução que não considere a realidade dessa população está fadada ao insucesso. Na ocasião, a Central Única das Favelas (Cufa) se mobilizou, propondo uma lista de medidas ao Poder Público como forma de garantir condições para que a população das favelas fosse protegida (Caetano, 2020).

Considerando-se que todo processo de design thinking ocorre num contexto organizacional, a tentação de simplificar o problema, desconectando-o da confusão organizacional e do mundo externo, apenas faz com que tal problema se torne mais complexo. Como qualquer outro tipo de projeto, o design thinking acontece num cenário de escolhas estratégicas, táticas e operacionais sobre as quais os mais diversos *stakeholders* têm uma opinião. Ignorar a influência dos *stakeholders* é o mesmo que procurar problemas.

A colaboração com *stakeholders* também promove a empatia, visto que obriga a equipe a entender as preocupações, as necessidades e os desejos das pessoas envolvidas. Isso ajuda a criar soluções que verdadeiramente tenham impacto na vida das pessoas e a fornecer valor real. Além disso, a inclusão de *stakeholders* desde o início do processo de design thinking também aumenta a probabilidade de aceitação e adoção bem-sucedida das soluções propostas.

A colaboração com os *stakeholders* não é isenta de desafios, requerendo as habilidades de comunicação, o gerenciamento de expectativas e a resolução de conflitos, uma vez que nem sempre as perspectivas serão harmoniosas. Eis aí um dos diferenciais do design thinking: por meio do conflito construtivo, emergem ideias inovadoras e soluções que de outro modo teriam passado desapercebidas. Ao abraçar o diálogo e a escuta ativa, mergulhando na vida e na mente das partes, o design se torna uma jornada inspiradora na direção da resolução de problemas e da criação de impacto positivo.

2.3 Imersão preliminar

É bem comum que, ao iniciarem um projeto de design thinking, os membros da equipe envolvida tenham pouco conhecimento sobre o tema ou estejam desatualizados. A imersão preliminar serve para gerar uma familiarização com o problema, dando subsídios para o entendimento do problema, os usuários envolvidos e o contexto no qual a solução será implementada.

Nesse estágio, a equipe de design se dedica a aprender sobre todos os aspectos relevantes da questão, o que envolve interações diretas com os usuários finais, a observação de suas necessidades e comportamentos e um mergulho nas nuances do ambiente em que a solução será aplicada.

A imersão deve começar com uma reunião de alinhamento estratégico entre a equipe e os responsáveis pela encomenda do projeto – os quais, daqui para a frente, chamaremos de *clientes*. Essa reunião de alinhamento tem como objetivo compreender o problema da perspectiva do cliente, examinando obstáculos e questões sob diferentes ângulos, de modo a desconstruir crenças e suposições, rompendo com os padrões de pensamento vigentes. Idealmente, essas reuniões devem ser feitas em ciclos que têm as seguintes etapas: captura, transformação e preparação.

No momento da **captura**, a equipe se concentra em coletar uma ampla gama de informações e dados relevantes, por meio de entrevistas com os *stakeholders*, interações com o usuário final, observação do uso do produto ou análise de pesquisas preexistentes. O objetivo é reunir o máximo de informações sobre o problema em questão, entendendo seus diferentes aspectos e nuances. É fundamental que se pratique uma abordagem aberta, evitando preconceitos ou suposições precipitadas. Busca-se explorar todas as perspectivas possíveis a fim de obter *insights* ocultos que podem ampliar a visão sobre o problema.

De posse de uma grande quantidade de dados, a equipe do design avança para o estágio de **transformação**, em que os dados coletados são analisados e processados de modo a extrair *insights*. A equipe busca identificar padrões, tendências, lacunas e conexões entre os conjuntos de dados. Esse processo pode envolver a síntese das informações obtidas em personas, mapas de empatia e outras ferramentas que ajudem a equipe a compreender necessidades, desejos e desafios dos usuários (apresentaremos alguns deles no Capítulo 3), transformando dados brutos em *insights* significativos pela adição de novas perspectivas.

Finalmente, o time de design organiza e refina os *insights*, com o propósito de torná-los acionáveis e relevantes para a criação de soluções, identificando pontos-chave, priorizando problemas e selecionando os *insights* mais impactantes. Esse processo de **preparação** envolve a formulação de perguntas provocativas e desafiadoras que estimulem a criatividade para serem utilizadas na etapa da ideação; também é comum a criação de materiais com alto impacto para fins de sensibilização e estímulo à reflexão. Ao terminar esse ciclo, caso existam questões que não estejam claras, ele deve ser repetido.

Para que a imersão preliminar seja bem-sucedida, é imprescindível que se consiga criar um ambiente descontraído em que todos os envolvidos se sintam à vontade para se expressarem. Uma das formas de se conseguir isso é por meio do emprego do *storytelling*, com a elaboração de discursos emocionais ricos em exemplos e histórias reais, de modo a facilitar o entendimento do que está sendo proposto.

O processo de imersão preliminar costuma ser enriquecido por meio da pesquisa exploratória, que é realizada com o objetivo de fornecer subsídios ao que está sendo tratado. Como o próprio nome indica, a pesquisa exploratória é um tipo de pesquisa que visa examinar um problema, gerando conhecimento e compreensão, sendo geralmente conduzida concomitantemente com outros métodos. Ela envolve a exploração sistemática e a análise de dados, literatura e informações já existentes, tais como artigos acadêmicos, relatórios setoriais, estudos de casos, análise de *marketing* e dados históricos. Por meio da análise do trabalho de especialistas, da compreensão de erros e acertos anteriores e da exploração de problemas similares abordados em outros contextos, a equipe desenvolve um melhor entendimento do cenário com o qual está lidando.

A pesquisa exploratória permite identificar padrões e tendências relevantes, além de facilitar a polinização cruzada de ideias, por meio da inspiração nos mais diversos campos do saber, sendo muito útil para refinar e validar conceitos previstos. Ao buscar referências em projetos similares, implementações bem-sucedidas ou estratégias inovadoras, o time reforça suas propostas, garantindo que elas estejam alinhadas às melhores práticas. A principal característica dessa modalidade de pesquisa é ser versátil e flexível.

> A pesquisa exploratória é muito útil para ajudar a formular ou definir um problema com mais precisão, ajudando a identificar cursos alternativos de ações, desenvolvimento de hipóteses, identificação de variáveis e relacionamentos-chave que precisam ser analisadas em maior profundidade e obter percepções que contribuam para a proposta da abordagem de solução do problema. (Malhotra, 2010, p. 57)

Nesse momento, a equipe está investigando se outras pessoas tiveram de enfrentar um problema semelhante, o que descobriram e fizeram durante o processo. Embora seja muito improvável que a pesquisa exploratória forneça a solução dos problemas específicos, ela certamente ajudará, gerando *insights* e ampliando o entendimento sobre o que funciona ou não.

Um método muito comum utilizado é o *desk research*, processo de pesquisa em que se buscam informações em fontes secundárias, tais como *websites*, livros, revistas, *blogs* e artigos acadêmicos. A tradução literal da expressão é "pesquisa feita na mesa", referindo-se ao fato de não ser necessário ir a campo para coletar os dados de pesquisa, podendo-se realizar essa consulta por meio da internet.

Eis aqui um exemplo simples de *desk research*: imagine um empreendedor que deseja instalar um *food truck* em um bairro da cidade. É ideal para o negócio que ele tenha conhecimento sobre o perfil dos potenciais clientes, bem como sobre as preferências alimentares destes.

Uma pesquisa na base de dados do Instituto Brasileiro de Geografia e Estatística (IBGE, 2024) pode fornecer o perfil socioeconômico dos moradores. O Serviço Brasileiro de Apoio às Micro e Pequenas Empresas (Sebrae, 2024) também costuma disponibilizar pesquisas sobre as principais dificuldades enfrentadas por empreendedores, bem como modelos de planos de negócios e investigação de consumidores. Caso se aprofunde em sua pesquisa, o empreendedor pode verificar a existência de associações ou grupos relacionados a *food trucks*. Ele também conseguirá encontrar grupos de discussão com orientações, sugestões e dicas sobre os problemas mais comuns enfrentados por empreendedores da área. Esses dados podem ser obtidos com rapidez e custo quase zero.

Embora essa investigação não dê ao empreendedor respostas específicas acerca de gostos e interesses alimentares da população no bairro em que ele pretende se instalar, ela fornece subsídios para uma compreensão mais acertada. Essa investigação terá de ser complementada com entrevistas com possíveis consumidores no bairro, mas agora o empreendedor já tem uma boa ideia do que investigar e de como fazê-lo.

2.4 Imersão em profundidade

Uma vez que se obtém um entendimento geral do problema decorrente da imersão preliminar, é hora de mergulhar a fundo nas complexidades e nuances que cercam o problema. Munida de um compromisso de entender as necessidades, os desejos e as motivações das pessoas envolvidas, num processo de investigação minuciosa a partir de uma perspectiva empática, a equipe do projeto buscará enxergar o mundo "pelos olhos do outro", vivenciando as experiências de outra pessoa.

Como lembram Ambrose e Harris (2011), a imersão preliminar ajudou a identificar os elementos que devem ser compreendidos; agora, na imersão em profundidade, busca-se acumular informações relevantes para serem usadas no processo de design.

As ferramentas e técnicas mais empregadas para a coleta de informações na fase da imersão em profundidade são as entrevistas em profundidade, os grupos focais e a observação em campo. Pesquisas de natureza qualitativa são particularmente ricas nesse momento, visto que a equipe não está buscando compreender apenas o que é dito, mas quer explorar os aspectos não ditos, as emoções subjacentes e as relações que influenciam o contexto.

A pesquisa guiada pela empatia deve ser entendida como a pesquisa que observa atentamente, procura sensibilizar, almeja vivenciar – mesmo que indiretamente – sentimentos, pensamentos e acontecimentos. É o que Stake (2011) chama de *conhecimento conectado*, modalidade em que, pela vivência das experiências e relações pessoais do outro, a equipe busca entender como as pessoas experimentam as coisas. Essa forma de pesquisa dá preferência à investigação das atividades humanas nos locais em que elas acontecem, em oposição à abordagem laboratorial. Como forma de alimentar o processo de empatia, é comum que os praticantes do design thinking façam uso da modalidade de pesquisa chamada de "um dia na vida", procedimento que, em essência, é uma simulação por parte do pesquisador da vida da pessoa, de modo a poder experimentar a situação estudada. Os membros da equipe assumem o papel do usuário por um período – que pode durar mais de um dia –, agindo e interagindo com contextos semelhantes ao que ele experimenta. É recomendável que se faça um breve estudo do contexto do usuário antes, com vistas a aprender mais sobre comportamentos, atitudes e limitações a serem simulados.

Um bom exemplo do uso dessa metodologia foi posto em prática por uma grande companhia aérea que buscava melhorar a experiência de seus passageiros que reclamavam de atrasos frequentes, desconforto durante os voos e processo de embarque confuso. A equipe de design selecionou passageiros de diferentes perfis e os acompanhou durante todo o processo de viagem, desde a preparação em casa até a chegada ao destino. No processo de "um dia na vida", a equipe identificou que as informações dispersas e as dúvidas sobre procedimentos antes do início da viagem estressavam os passageiros. Além disso, o processo de embarque caótico era responsável por gerar atrasos e confusão, o que criava frustração. Foi constatado ainda que o desconforto gerado pelos espaços apertados no avião era agravado pela falta de entretenimento em voo e por um serviço de baixa qualidade (Brown; Katz, 2009).

Com base nesses *insights*, a equipe desenvolveu um aplicativo de viagens integrado, com o objetivo de fornecer informações claras, revisou o processo de embarque, que passou a ser feito de modo segmentado, e investiu em melhorias em entretenimento e serviços a bordo. Desse modo, criou soluções centradas no usuário, melhorando a experiência de voo de maneira a torná-la mais confortável e satisfatória (Brown; Katz, 2009).

Outra metodologia muito empregada é a **entrevista em profundidade**, a qual envolve um pesquisador treinado que, de posse de um conjunto de perguntas semiestruturadas, sonda o respondente. Isso geralmente é feito a forma presencial, idealmente na casa ou no local de trabalho do entrevistado.

> O entrevistador usa perguntas de sondagem para suscitar informações mais detalhadas sobre um tema, ao transformar a resposta inicial do respondente em uma nova pergunta, o entrevistador o encoraja a explicar melhor sua resposta original, criando oportunidades naturais para discussões mais detalhadas sobre o tema. Como regra, quanto mais um indivíduo fala sobre um tema, maior a probabilidade de revelar atitudes, motivos, emoções e comportamentos subjacentes. (Hair Jr. et al., 2014, p. 111)

A entrevista em profundidade é semelhante à conversa de um psicólogo com seu paciente, apontam Zikmund e Babin (2011). O pesquisador faz muitas perguntas e investiga a partir das respostas do entrevistado, encorajando o indivíduo a falar livremente e a elaborar melhor as respostas, sem influenciá-las. É comum que os entrevistadores passem por algum processo de treinamento de modo a conseguir realizar perguntas de sondagem de qualidade. A personalidade do entrevistador também tem um papel importante no estabelecimento de uma zona de conforto para o respondente: o entrevistador deve ter uma personalidade serena, flexível e que inspire confiança.

A principal regra para entrevistas em profundidade é que o entrevistador se prepare antes. Uma vez que ele tenha determinado a questão a ser investigada – resultante da imersão preliminar –, deve elaborar um conjunto de questões de pesquisa que nortearão a entrevista. Idealmente, deve-se organizar o fluxo lógico da entrevista, começando por assuntos mais gerais e evoluindo para as especificidades.

O local em que será conduzida a entrevista é importante, pois deve facilitar a realização de uma conversa privada, sem distrações externas, e ser confortável. No caso de entrevistas gravadas, é necessário obter a autorização do respondente logo no início. O entrevistador deve usar os primeiros minutos da entrevista para criar uma "zona de conforto", utilizando perguntas de aquecimento (perguntas que são de natureza simples e pouco polêmicas). No decorrer da entrevista, o entrevistador deve fazer perguntas de sondagem para obter o máximo de detalhes possível do entrevistado acerca das respostas que ele dá antes de avançar para a próxima pergunta de seu roteiro.

Assim que terminar a entrevista, é muito importante que o entrevistador registre e resuma suas impressões iniciais, em especial os temas e as ideias que poderão ser usados posteriormente na transcrição das respostas. Se possível, deve-se dar seguimento a respostas interessantes que possam ter aparecido na entrevista, com a adição de perguntas para entrevistas futuras.

Apresentamos a seguir um modelo de estrutura de entrevista em profundidade para você se inspirar.

ENTREVISTA EM PROFUNDIDADE – MODELO DE ESTRUTURA

Objetivo: compreender a experiência e a perspectiva do entrevistado em relação ao problema ou desafio em foco, buscando *insights* para o processo de design.

Introdução

- Cumprimente o entrevistado e agradeça sua participação.
- Explique o propósito da entrevista e como as informações coletadas serão usadas no processo de design.

Conhecendo o entrevistado

- Peça que o entrevistado se apresente brevemente, dando-lhe informações sobre sua função, experiência e contexto que sejam relevantes.

Exploração do contexto

- Peça ao entrevistado que descreva a situação ou o desafio específico que está sendo investigado.
- Explore como o desafio afeta o entrevistado pessoalmente e/ou profissionalmente. Quais são as implicações e as razões para se envolver nesse problema?

Jornada e experiência

- Peça ao entrevistado para descrever uma situação específica em que ele tenha enfrentado o problema. Estimule-o a dar mais detalhes.
- Quais foram as ações, os pensamentos e as emoções que ele experimentou durante a situação?
- Quais foram os pontos positivos e negativos da experiência? O que funcionou bem e o que poderia ter sido melhor?

Necessidades e desafios

- Pergunte sobre as necessidades e as expectativas do entrevistado em relação ao problema. O que é mais importante para ele em relação a essa situação?
- Quais foram os maiores desafios ou obstáculos que ele enfrentou ao lidar com o problema? O que o impediu de alcançar a resolução desejada?

Reflexões e *insights*

- Peça ao entrevistado para refletir sobre o que aprendeu com a experiência. Quais foram os momentos de descoberta ou revelação?
- Com base em sua experiência, que sugestões ou ideias o entrevistado teria para abordar ou resolver esse problema de modo diferente?
- Peça ao entrevistado para compartilhar sua visão ideal de como esse problema poderia ser resolvido. O que seria necessário para alcançar esse cenário?

Encerramento

- Agradeça novamente o entrevistado pela participação e pelas informações compartilhadas.
- Indique que as informações que foram coletadas serão utilizadas para informar o processo de design e que pode haver possíveis acompanhamentos futuros.

Orientações

- Ouça atentamente e faça anotações sobre *insights*, padrões e emoções expressas pelo entrevistado.

- Seja empático, encoraje o entrevistado a falar livremente e explore detalhes e nuances.
- Esteja preparado para adaptar o roteiro com base nas respostas e no direcionamento da conversa, de modo a garantir uma compreensão completa da experiência do entrevistado

Fonte: Elaborado com base em Duarte, 2010.

2.5 Organização dos *insights*

No decorrer da etapa de imersão, a equipe acumulará várias informações sobre os usuários e as partes interessadas no projeto. Essas informações apresentam dados relevantes acerca do contexto de uso do produto, da vida dos usuários, suas motivações e necessidades (Pagani, 2017).

Tendo observado, interagido e sentido as experiências que vivenciou, a equipe tem uma rica base de informações, mas que estão dispersas, em especial porque são oriundas de diferentes técnicas de pesquisa. É necessário que a equipe sintetize e estruture as informações que obteve. Para ajudar nisso, é comum o uso de cartões de *insight* e do diagrama de afinidades.

Cartões de *insight* são uma forma dinâmica e visual de se fazer a síntese das informações coletadas. Todos os dados obtidos na imersão e no *desk research* podem ser estruturados como cartões. Pense neles como uma versão condensada das informações. Cartões de *insight* geralmente têm um título, um texto que resume os achados e a fonte a partir da qual a informação foi obtida.

Apresentamos a seguir um exemplo de cartão de *insight*.

Figura 2.1 – **Exemplo de cartão de *insight***

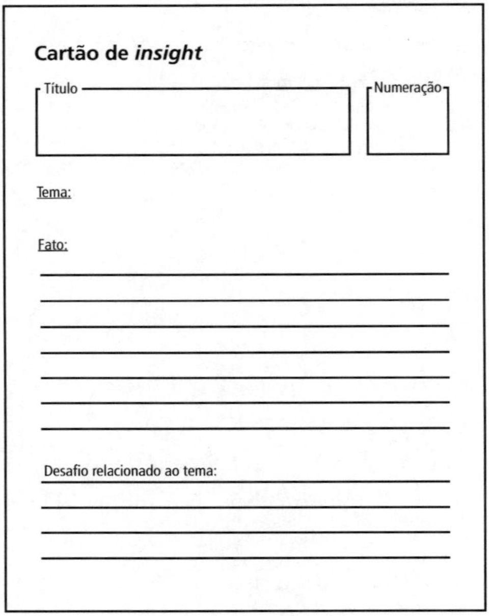

Cartão de *insight*

Título ——————————————— Numeração

Tema:

Fato:

Desafio relacionado ao tema:

O ideal é que os cartões de *insight* sejam impressos e disponibilizados para toda a equipe. Ao realizarem as investigações da fase de empatia, sempre que identificarem uma questão relevante para o projeto, os membros do time de design thinking devem criar um cartão e registrar o achado. No caso de entrevistas ou ações do tipo "um dia na vida", costuma-se criar os cartões no fim do dia, quando o profissional está repassando tudo o que viu e ouviu, registrando o que é importante.

O cartão de *insight* não é um resumo, pois a ideia não é condensar um grande volume de informações, mas fazer a síntese e o registro dos aprendizados e das percepções obtidas no processo. Além disso, os cartões devem ser guardados, pois serão utilizados na confecção do diagrama de afinidades.

O **diagrama de afinidades** é a técnica de agrupamento e organização de ideias que é realizada de forma colaborativa pelo time de design thinking. Ele é construído de modo a organizar uma grande quantidade de informações em grupos lógicos, o que gera um diagrama em que as macroáreas do projeto são apresentadas e que auxilia no processo de delimitação do tema, permitindo a visualização de suas subdivisões e interdependências.

Para a organização do diagrama de afinidades, todos os cartões de *insight* que foram criados durante a imersão devem ser dispostos em uma mesa (ou mesmo no chão), de maneira que possam ser revisados por toda a equipe. É muito importante que o processo seja realizado colaborativamente, para não haver um único viés de análise. O fato de as informações serem construídas e analisadas visualmente ajuda muito em relação aos resultados, pois esse sistema de organização das informações estimula a capacidade intuitiva.

Na elaboração do diagrama de afinidades, o objetivo é identificar temas, subgrupos e critérios que ajudem a equipe a entender os dados. O processo de organização do diagrama pode ser reiniciado quantas vezes a equipe de design thinking julgar necessário; ele também pode ser realizado por diferentes grupos de pessoas, dependendo da complexidade do tema e da quantidade de dados.

O processo é feito por toda a equipe, como ilustra a figura a seguir.

Figura 2.2 – **Montagem do diagrama de afinidades**

Alguns dos possíveis modos de classificação dos cartões de *insight* no diagrama são os seguintes, podendo-se definir outros: desejos e necessidades dos usuários; identificação de requisitos potenciais; funcionalidades do produto/serviço; assuntos que se conectam (Vianna et al., 2012).

O processo de criação do diagrama deve abranger as seguintes etapas:

1. **Definição do tema** – O início da elaboração do diagrama geralmente são as dores do usuário ou o objetivo do projeto, sendo aqui o momento de relembrá-lo a todos.
2. **Definição dos participantes** – Idealmente, todos os envolvidos no processo de design thinking devem participar desta etapa, uma vez que o objetivo principal é levantar aspectos distintos

de um mesmo problema. É importante que seja escolhida uma pessoa para ser responsável pela condução do processo, de modo a garantir a ordem e a boa execução da dinâmica.

3. ***Insights*** – É preciso apresentar todos os cartões de *insight* que foram produzidos. Pode-se trabalhar a organização do quadro, manipulando diretamente os cartões ou então lendo os cartões e pedindo aos participantes que registrem as próprias ideias e percepções em notas adesivas, que serão utilizadas em vez dos cartões de afinidade (nesse caso, é necessária uma etapa extra para filtrar e consolidar *insights* que sejam muito semelhantes).

4. **Organização das ideias** – É o momento em que o líder pede aos participantes que organizem os cartões em uma superfície – tal como uma parede ou quadro-branco –, agrupando-os por afinidade, similaridade, dependência ou proximidade. Conforme o grupo interage entre si e com o quadro, começam a surgir agrupamentos. Deve-se optar por trabalhar com uma superfície que possa ser rabiscada, permitindo que anotações sejam feitas – com desenhos, setas, símbolos, indicadores de conexão –, de forma a esclarecer os temas e suas subdivisões, bem como a interdependência entre as ideias. Todos os envolvidos têm liberdade para mudar os cartões de categoria e lugar se julgarem necessário ou mesmo fazer cópias dos cartões, duplicando-os, caso os cartões se relacionem com mais de um grupo.

5. **Síntese dos achados** – Com as ideias organizadas, procede-se à discussão acerca do diagrama criado, de modo a desenvolver linhas de raciocínio claras para elaborar um plano de ação com base nas propostas apresentadas. É importante fazer um registro do diagrama criado.

SÍNTESE

Neste capítulo, vimos que o processo do design thinking se inicia com a etapa de empatia, em que a equipe de design procura imergir no dia a dia do usuário de modo a vivenciar a realidade desse usuário. A metodologia do design thinking orienta que não sejam aceitos diagnósticos de problemas sem que estes sejam questionados. Na empatia, o entrevistador é forçado a fazer perguntas profundas e abertas, escutando com atenção a fim de capturar detalhes do que é dito, assim como do que não é dito; trata-se do alicerce de todo o design thinking.

De posse das informações obtidas na imersão preliminar, a equipe de design thinking obtém um entendimento geral do problema. Assim, a próxima fase consiste em mergulhar nas complexidades e nuances do usuário. As técnicas mais comumente empregadas para isso são a entrevista em profundidade, os grupos focais e a observação em campo. Contudo, alguns pesquisadores optam por viver "um dia na vida" do consumidor, experimentando contextos semelhantes ao do usuário.

Todo esse processo gera um grande número de *insights*. A etapa de empatia termina com a organização dos *insights* obtidos em um diagrama de afinidades em que as macroáreas do projeto são apresentadas, ajudando a equipe a delimitar o temae a compreender subdivisões e interdependências.

QUESTÕES PARA REVISÃO

1. Explique com suas palavras o que é a etapa de empatia do processo de design thinking.

2. A etapa de empatia do design thinking pode ser sintetizada em três conceitos: captura, transformação e preparação. Explique o que é cada um deles.

3. Considerando a etapa de empatia do design thinking, avalie as afirmações a seguir.

   I. A equipe do projeto de design thinking tem de buscar compreender o contexto do problema, tanto do ponto de vista da empresa como do ponto de vista do usuário final.

   II. A etapa de empatia do design thinking é inspirada nos procedimentos da física, com o objetivo de realizar experimentos com os usuários.

   III. Os usuários têm dificuldade de articular suas necessidades e problemas, e o processo de imersão dá a oportunidade de a equipe fazer um diagnóstico.

   IV. O design thinking propõe que, se já existem hipóteses para um problema, elas devem ser aceitas sem questionamento.

   É correto apenas o que se afirma em:

   a. I e III.
   b. II e IV.
   c. III e IV.
   d. I, II e III.
   e. I, II e IV.

4. _____ é o nome dado ao processo de pesquisa que busca informações em fontes secundárias, tais como *websites*, livros, revistas, *blogs* e artigos. O nome alude ao fato de não ser necessário ir a campo para que a pesquisa seja realizada, podendo-se fazê-la mediante uma consulta de bases de dados com a utilização da internet.

Assinale a alternativa que apresenta a resposta correta:

a. Imersão preliminar.

b. Imersão em profundidade.

c. *Desk research.*

d. Cartão de *insight.*

e. Diagrama de afinidade.

5. Levando em consideração o processo de imersão em profundidade, avalie as afirmações a seguir, indicando se são verdadeiras (V) ou falsas (F).

( ) O processo de imersão dá ênfase à investigação das atividades humanas nos locais em que elas ocorrem, ao contrário de uma abordagem laboratorial.

( ) O processo de "um dia na vida" orienta que o pesquisador assuma o papel do usuário, agindo em contextos semelhantes aos experimentados por esse usuário.

( ) Os cartões de *insight* só devem ser preenchidos ao término de toda a etapa de empatia.

( ) Nas entrevistas em profundidade, deve-se encorajar o entrevistado a explicar melhor suas respostas, dando oportunidade para discussões mais detalhadas.

Agora, assinale a alternativa que corresponde à sequência correta:

a. F, V, F, V.
b. F, F, V, V.
c. V, V, F, V.
d. V, F, V, V.
e. F, F, F, V.

QUESTÕES PARA REFLEXÃO

1. No texto deste capítulo, demos exemplos de como situações que não levam em consideração a perspectiva de todos os *stakeholders* tendem a gerar soluções que são ineficazes, como no caso de prevenção da covid-19 para a população mais pobre do Brasil. Você consegue pensar em outras situações em que isso também ocorreu?

2. Os usuários de qualquer tipo de produto/serviço costumam ter muita dificuldade de articular suas necessidades e problemas enfrentados com o produto. Você já vivenciou alguma situação em que o usuário tinha dificuldade de articular suas dores com um produto?

3. Você atua profissionalmente? Em que área? Já considerou como é a vida diária dos usuários de seu produto ou serviço? Se você tivesse de vivenciar cada detalhe do dia do usuário, desde o momento em que acorda até quando vai dormir, que oportunidades de melhoria e inovação acha que poderia identificar?

Dilok Klaisataporn/Shutterstock

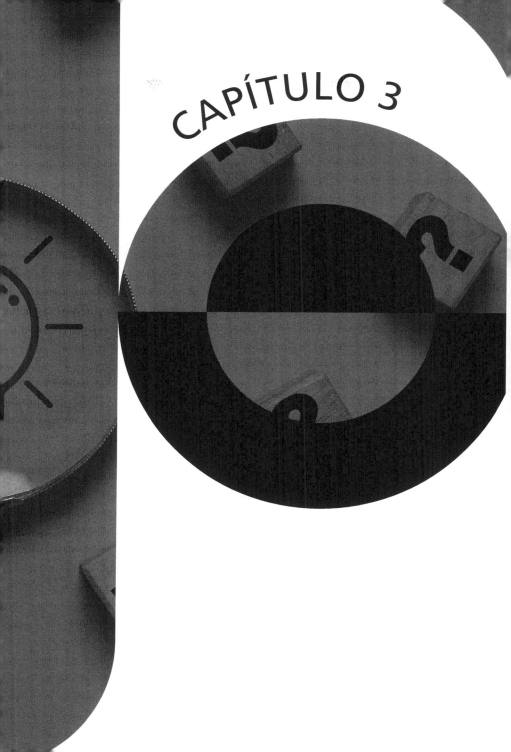
CAPÍTULO 3

A DEFINIÇÃO DO PROBLEMA A SER RESOLVIDO

Conteúdos do capítulo:

- Etapa II: definição.
- Delimitação do problema, uma etapa crucial.
- Construção de personas.
- Mapa de empatia.
- Jornada do usuário.

Após o estudo deste capítulo, você será capaz de:

1. delimitar o problema a ser tratado com o envolvimento de todos os *stakeholders*;
2. elaborar personas sintetizando características de um grupo de usuários;
3. criar mapas de empatia para uma ampla compreensão do usuário;
4. mapear a jornada do usuário com a identificação de possibilidades de melhoria do produto;
5. definir o problema a ser resolvido por uma equipe de design de forma instigante e motivadora.

Neste capítulo, abordaremos a etapa de definição do design thinking, na qual se busca enquadrar a questão-chave, por meio do diálogo com todos os *stakeholders* e do uso de ferramentas de mapeamento, tais como construção de personas, mapa de empatia e jornada do usuário. O problema é reformulado de modo que ele possa ser trabalhado em contextos e demandas da organização e do mundo real. Ao final dessa fase, o time de design thinking terá elaborado a questão na qual se concentrará, na forma de uma definição de problema que é ao mesmo tempo desafiadora e motivadora.

Veremos como é possível desenvolver uma postura questionadora em que não se aceitam os problemas simplesmente como eles são apresentados, mas se busca compreendê-los a partir de múltiplas perspectivas. Para isso, trataremos da utilização de ferramentas que permitam obter uma compreensão mais profunda do usuário e sintetizar essas informações de modo visual e simples. O resultado desse processo é a formulação do problema de forma que este não só apresente o desafio a ser tratado, mas também estimule o pensamento criativo e a busca por soluções inovadoras.

3.1 Etapa II: definição

Uma das etapas fundamentais do processo de design thinking é a delimitação do problema, que envolve definir claramente a questão que deverá ser tratada, identificando os aspectos centrais do problema e entendendo sua complexidade. Essa etapa vem logo após a etapa de empatia.

Como lembra Pagani (2017), finda a imersão, o time de design thinking tem um grande conjunto de informações sobre os usuários e as partes interessados do projeto, e essas informações ainda estão dispersas, sendo necessário fazer uma análise e uma síntese para estruturá-las e definir melhor o problema a ser solucionado.

É na etapa de definição que a equipe se reúne em busca de um entendimento comum que alinhe os objetivos com as expectativas. Delimitar o problema não é uma tarefa simples, pois, muitas vezes, os desafios têm causas complexas e estão profundamente enraizados, não sendo evidentes à primeira vista. O ideal nessa etapa é prosseguir com uma abordagem holística baseada numa análise profunda, de modo a compreender não apenas os sintomas que são mais visíveis, mas suas causas subjacentes. Um problema mal definido pode levar a soluções ineficazes ou mesmo irrelevantes e, assim, investir tempo para entender completamente a natureza do problema pode ser uma garantia de que os esforços da equipe se concentrem nas áreas certas.

Tendo em vista que o design thinking valoriza muito a experimentação e a iteração, sem uma delimitação correta do problema, a equipe pode acabar gastando tempo e recursos preciosos na consideração de direções que não vão gerar resultados significativos. Um problema compreendido e definido com precisão, por sua vez, faz com que esses esforços sejam direcionados de modo mais eficiente.

Como benefício adicional, o envolvimento de todos os *stakeholders* na discussão e definição do problema cria um senso de propriedade e colaboração, além de aumentar as chances de desenvolvimento de uma solução relevante e aceitável. A colaboração de todos tende a mitigar os vieses cognitivos que podem levar a interpretações distorcidas do problema com base nas experiências e perspectivas individuais dos membros da equipe. Por isso a orientação de que é preciso considerar múltiplas perspectivas e ângulos.

É importante ter em mente que problemas complexos muitas vezes estão interconectados, o que torna a identificação das fronteiras do problema difícil. O time de design thinking tem de encontrar um ponto de equilíbrio entre delimitar o problema de forma precisa e não perder de vista as conexões que podem ser relevantes para a solução.

Para Dekker (2020), a ênfase da etapa de empatia é a divergência – busca-se ver o problema de todos os ângulos possíveis, examinando-o sob diferentes perspectivas; agora, na etapa de definição, busca-se a convergência – procura-se restringir os *insights* a um problema bem definido. Vejamos alguns exemplos de questões de orientação nessa etapa: Para quais clientes ou pessoas se está segmentando especificamente? Quem são essas pessoas e como vivenciam as coisas exatamente? Quais limites são impostos pela organização? Que oportunidades existem dentro desses limites e que escolhas devem ser feitas sobre elas?

Para Uebernickel et al. (2020), todo projeto de design thinking bem-sucedido começa com uma boa declaração de perguntas orientadas a objetivos. Essa declaração inicial fornece o ponto de partida para o projeto; assim, por meio de várias iterações do ciclo de design thinking, a questão é constantemente ajustada e refinada. Se a questão estiver muito focada em uma solução tecnológica, por exemplo, ou em determinada área de pesquisa, isso pode restringir o pensamento do time desde o início do processo, tornando difícil para os integrantes pensar "fora da caixa". Por outro lado, perguntas muito amplamente definidas com objetivos abstratos também são igualmente problemáticas. De acordo com Uebernickel et al. (2020), para evitar que as equipes falhem logo no início, o time de design thinking deve considerar os seguintes princípios orientadores:

- **Não oferecer soluções** – O enunciado da pergunta não deve propor uma solução; soluções técnicas ou econômicas não devem fazer parte do quadro nessa etapa. O trabalho do time é buscar e localizar as soluções. É mais fácil e efetivo trabalhar na busca de ideias quando uma possível solução não é oferecida.

- **Inspiração e emoção** – Se a declaração de perguntas é inspiradora, ela envolve os membros do time de modo pragmático e emocionalmente também. Por sua vez, as emoções abrem novas dimensões de consideração.

- **Dar uma direção** – Isso pode parecer uma contradição à regra de não oferecer soluções, mas há uma grande diferença entre apresentar uma solução e oferecer uma direção. Essa direção pode estar ligada às estratégias da organização, mostrando como ela vê seus produtos e serviços num futuro próximo. Não há uma solução concreta, apenas uma orientação relativa à área em que a solução pode ser encontrada.

Pense no processo de solução do problema como a evolução de um cenário difuso para um de maior clareza, como ilustrado a seguir.

Figura 3.1 – **Processo de solução do problema**

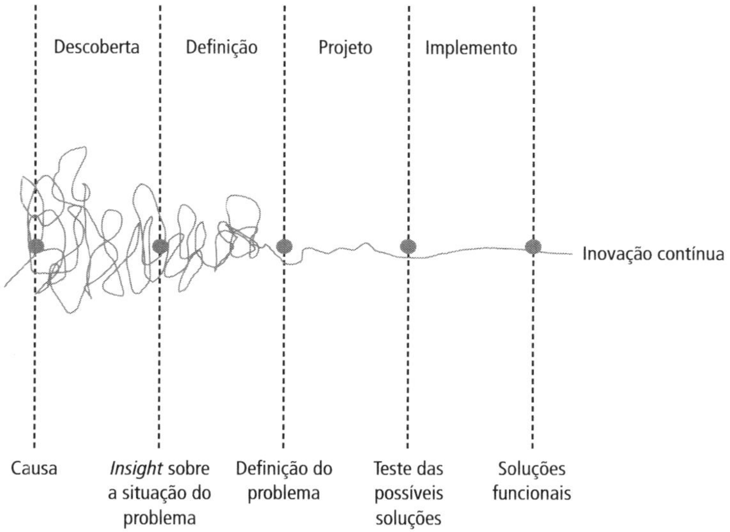

Fonte: Dekker, 2020, p. 56, tradução nossa.

Como lembra Pressman (2019), enquanto as técnicas convencionais de resolução de problemas sugerem que deve haver uma formulação clara do problema antes de serem tomadas as medidas necessárias para sua resolução, no design thinking, por meio de um diálogo contínuo, atualiza-se constantemente o diagnóstico, ressignificando o problema no decorrer do processo, o que otimiza a solução. O time de design thinking deve refletir periodicamente com base em todas as informações coletadas. Ele deve analisar, organizar, visualizar e quantificar as informações que vai adquirindo, de modo a articular a essência do problema. Idealmente, para conseguir definir o problema, devem ser consideradas as seguintes questões:

1. Quem está tendo o problema? (Este é o usuário principal e deve ser definido. Criar personas pode ser uma ótima solução.)
2. Qual é o verdadeiro problema do usuário? (A etapa de empatia ajuda o time de design thinking a ter esse entendimento.)
3. Onde está o problema? (Um mapa da jornada do usuário ajudará nessa questão.)
4. Por quê? O que significa para o usuário ter o problema resolvido? Qual valor é agregado? Como resolver o problema do usuário afeta a empresa?

3.2 A criação de personas

No processo de definição, a empresa busca organizar todos os *insights* e informações que obteve na etapa de empatia. Embora cada usuário em última instância seja único, sempre é possível encontrar pontos comuns entre grupos de pessoas de forma a produzir generalizações que ajudem o empreendedor a compreender um perfil de usuário.

Com base nas informações obtidas até agora, o time de design thinking tem condição de traçar um perfil das pessoas que potencialmente utilizarão a solução proposta. Como temos procurado enfatizar, o processo do design thinking se caracteriza por uma aproximação humanista aos problemas. Tradicionalmente, quando se trata de consumidores, costuma-se utilizar critérios sociodemográficos para classificá-los. Assim, por exemplo, dado consumidor é: homem, com idade entre 25 e 35 anos, classe econômica B2, escolaridade superior completa. Contudo, é difícil trabalhar com abstrações; as informações apresentadas dizem muito pouco sobre o ser humano, e isso torna o processo de empatia mais difícil.

Considere agora a seguinte descrição: Ricardo tem 28 anos, é solteiro e trabalha como analista de *marketing* em uma agência digital, recebendo um salário mensal de R$ 5.200,00. O maior medo de Ricardo é ficar desatualizado em seus conhecimentos e, por causa disso, perder seu emprego. Ele sonha em conquistar uma promoção com um salário maior que lhe permita viajar pelo mundo, agregando mais valor a seu currículo. Sua maior frustração é não ter tempo para estudar. Ele gosta de música do gênero *rock* e costuma ir a festas com os amigos nos fins de semana.

Percebeu a diferença entre as descrições? Notou que, no segundo caso, é possível enxergar a dimensão humana da pessoa descrita, mesmo que essa pessoa seja fictícia? Esse modelo de caracterização torna o processo de identificação com o público mais fácil e intuitivo. Isso é o que chamamos de *persona*.

Uma persona é uma manifestação fictícia do possível usuário sintetizado na forma de um personagem que tem as características de um grupo de usuários. Com base em informações de pessoas reais, essa entidade fictícia descreve, de forma clara, as necessidades específicas, as motivações, os desejos, as expectativas e as características comuns a um grupo de usuários, sendo elaborada a partir da análisedos comportamentos observados na etapa de empatia, em especial durante a imersão.

A figura a seguir mostra exemplos de personas.

Figura 3.2 – **Exemplos de personas**

Maria da Silva: A Empreendedora Social

Maria da Silva, 35 anos, é uma empreendedora social apaixonada por causas ambientais. Natural de São Paulo, ela fundou uma ONG chamada *Verde Vida*, dedicada à conscientização ambiental e à promoção de práticas sustentáveis nas comunidades locais. Maria trabalha incansavelmente para desenvolver projetos que envolvam reciclagem, plantio de árvores e educação ambiental. Ela inspira outras pessoas a se envolverem em ações positivas para o meio ambiente.

Carlos Oliveira: O Jovem Cientista

Carlos, 28 anos, é um jovem cientista nascido em Belo Horizonte. Dedicado desde a adolescência à pesquisa científica, ele obteve destaque por suas contribuições inovadoras no campo da biotecnologia. Carlos trabalha em um laboratório de ponta, no qual busca soluções para problemas de saúde global. Seu sonho é desenvolver tecnologias acessíveis e sustentáveis que melhorem a qualidade de vida das pessoas.

Ana Souza: A Educadora em Comunidades Carentes

Ana Souza, 42 anos, é uma educadora comprometida com a transformação social. Nascida no Rio de Janeiro, ela decidiu dedicar sua carreira à educação em comunidades carentes. Ana fundou uma organização sem fins lucrativos chamada EducaAção, que oferece programas educacionais e culturais para crianças e adolescentes em situação de vulnerabilidade. Seu trabalho visa proporcionar oportunidades de aprendizado e desenvolvimento pessoal para esses jovens, ajudando a romper ciclos de pobreza.

PureSolution/Shutterstock

Existem diferentes modelos para montar uma persona, com diferentes níveis de detalhamento que variam de acordo com as necessidades do projeto. Os elementos básicos de qualquer persona são: atribuir um nome e uma foto à persona, descrever as características do perfil, indicar a idade, a profissão e a escolaridade, contextualizar o histórico de vida, as motivações, as necessidades, os aspectos comportamentais e a personalidade em geral. Essa pessoa fictícia é construída com base nos dados coletados na etapa de empatia.

Cada persona é mais do que uma mera descrição superficial. Entenda que ela é uma ferramenta que encapsula os objetivos que os usuários têm ao interagir com um produto na forma de um personagem. As personas revelam os motivos por trás das interações do usuário, seja a satisfação de uma necessidade básica, seja a conquista de um objetivo pessoal. As personas ajudam a equipe de design a conceber soluções que atendam diretamente a essas necessidades.

A criação de personas é um exercício de empatia. Criar visualizações do usuário na forma de uma pessoa com história, desafios e sonhos torna mais fácil o processo de conexão emocional, o que resulta num senso de propósito mais profundo da equipe. É comum que seja necessário desenvolver mais de uma persona, uma vez que são identificados diferentes perfis no público-alvo. Isso ajuda no momento de fazer escolhas complexas e, assim, o time sempre vai considerar "Como isso impactará a experiência da persona A?" ou "Isso é relevante para a persona B?", mantendo o foco nas necessidades reais dos usuários.

Eis um roteiro para elaboração de personas:

1. **Coleta de dados abrangente** – Deve-se iniciar coletando dados do usuário, por meio de entrevistas com usuários reais, observação comportamental, *feedback* dos usuários e/ou análise de dados demográficos.

2. **Identificação de padrões e tendências** – Agrupar as informações que são semelhantes fará com que emerjam as características que são compartilhadas entre os usuários, bem como suas diferenças. Esses agrupamentos serão a base para a criação de arquétipos do usuário, que posteriormente serão moldados em personas.

3. **Desenvolvimento de histórias vívidas** – Uma persona não é um agrupamento de dados, ela é a história de um usuário. É a riqueza de detalhes que torna a persona uma figura real, com a qual os membros da equipe conseguem se relacionar emocionalmente.

4. **Integração de empatia e compreensão** – A essência da criação de personas é a empatia. O aprofundamento na vida das personas torna possível enxergar o mundo pelos olhos delas. Assim, é possível compreender não apenas o que os usuários fazem, mas por que fazem, o que almejam alcançar e quais desafios têm pela frente. É essa compreensão empática que permite à equipe de design thinking criar soluções que atendam às necessidades reais do usuário.

5. **Validação e ajustes contínuos** – É necessário ter em mente que a criação de personas é um processo iterativo e contínuo. À medida que o produto é desenvolvido e lançado, as personas precisam ser validadas e refinadas. Dessa maneira, a obtenção de *feedback* dos usuários reais ajuda a confirmar ou ajustar os traços das personas, garantindo que elas permaneçam precisas e relevantes com o tempo.

As personas podem ser utilizadas em várias fases do processo de design thinking, uma vez que servem para alinhar informações dos usuários com todos os envolvidos, mas são particularmente úteis na geração e validação de ideias (Vianna et al., 2012).

3.3 O mapa de empatia

Uma vez que se considera a empatia como a capacidade de perceber e compreender os sentimentos, as emoções, os pensamentos e, por extensão, o comportamento dos outros, o mapa de empatia permite entender pessoas e grupos num âmbito mais emocional. O mapa de empatia é uma ferramenta visual de gestão que possibilita que a equipe compreenda o cliente com base em diferentes áreas da vida dele.

O mapa de empatia é uma ferramenta que permite que os integrantes da equipe se coloquem no papel de uma pessoa ou grupo – aqui chamado de *cliente* – que passa por determinada situação, por exemplo, fazendo compras, usando um dispositivo, viajando, realizando uma atividade cultural etc. (Muller-Roterberg, 2020).

Apresentamos a seguir um exemplo de mapa de empatia que pode ser utilizado.

Figura 3.3 – **Mapa de empatia**

O roteiro para a elaboração do mapa de empatia tem as seguintes etapas:

1. **Definição da pessoa** – Com quem a empresa quer ser empática? Quem é a pessoa que a empresa quer conhecer?

2. **Definição das metas/necessidades** – O que a pessoa que está sendo mapeada precisa fazer? Que decisão precisa tomar? Aqui se define a situação que está sendo registrada no mapa.

> Como exemplo, vamos considerar que determinada empresa está desenvolvendo uma linha de produtos de bem-estar. O cliente-alvo é Cristina, profissional que trabalha como gerente de marketing e está entrando na casa dos 30 anos, vive numa grande cidade e tem um ritmo de vida agitado. Ela é solteira e sem filhos, tem flexibilidade de vida, mas o trabalho consome grande parte de seu tempo e energia. Cristina busca soluções de bem-estar que se encaixem com facilidade em sua rotina agitada, dando preferência a produtos que possa usar no escritório ou em casa e que proporcionem resultados rápidos. Por conta da natureza de seu trabalho, ela precisa de soluções de saúde e bem-estar que sejam flexíveis e se adaptem à sua agenda.
>
> Para mapear a "cabeça" do cliente, a equipe deve fazer anotações das respostas e convertê-las em palavras-chave, que devem ser escritas em notas adesivas e coladas na seção correspondente do mapa.

3. **O que o cliente vê?** – A equipe deve buscar estabelecer os estímulos visuais que o cliente recebe, as influências que esses estímulos têm na vida dele e os ambientes que ele frequenta. O que ele vê em seu meio profissional? O que os outros estão falando e fazendo? O ele que está lendo/assistindo? Isso inclui o que ele vê

em seu dia a dia, quais influências moldam suas opiniões e como percebe a marca ou produto em comparação com a concorrência.

Por exemplo, o cliente-alvo Cristina vê anúncios de produtos de bem-estar nas redes sociais, em que aparecem pessoas felizes e relaxadas praticando ioga e meditação. Ela também percebe que seus amigos estão começando a adotar hábitos mais saudáveis, como alimentação orgânica e exercícios.

4. **O que o cliente escuta?** – Aqui não nos referimos apenas a estímulos sonoros, mas também às pessoas a que o cliente tem acesso e aos meios de comunicação que ele utiliza. O que ele ouve os outros dizerem? O que ele escuta dos amigos ou colegas? O foco são as fontes de informação em que os clientes confiam. Quais são as fontes de notícias do cliente? São amigos, colegas ou influenciadores?

Voltemos ao exemplo: Cristina ouve colegas de trabalho elogiando programas de bem-estar no escritório, além de influenciadores digitais que falam sobre os benefícios da meditação e dos chás de ervas para reduzir o estresse.

5. **O que o cliente fala e faz?** – Idealmente, aqui são listados aspectos que foram observados na imersão em vez de serem feitas inferências. A equipe deve analisar o comportamento do cliente, o que ele diz e faz publicamente. Isso inclui ações nas redes sociais, opiniões expressas em avaliações *on-line* e *feedback* direto fornecido à empresa.

Em nosso exemplo, publicamente Cristina compartilha postagens nas redes sociais sobre seu desejo de encontrar maneiras de relaxar e aliviar o estresse. Ela também começa a pesquisar na internet sobre produtos naturais para melhorar seu bem-estar.

6. **O que o cliente pensa e sente?** – Aqui a equipe se concentra em emoções, pensamentos e sentimentos do cliente. O que o motiva? Quais são seus medos, desejos e preocupações? A intenção é entender o que se passa na cabeça do cliente. O que o cliente quer ou deseja? O que o cliente **não** quer? Em que ele está pensando enquanto realiza as atividades? Que emoções está sentindo e qual é o papel dessas emoções? Compreender essa dimensão emocional é crucial para criar uma conexão genuína com o cliente.

Por exemplo, Cristina está se sentindo estressada e sobrecarregada com as demandas do trabalho e da vida pessoal. Ela pensa que precisa de soluções para relaxar e recuperar o equilíbrio em sua vida. Seu estado emocional atual é de ansiedade e desejo por paz interior.

7. **Dores** – Identificar as dores do cliente é fundamental. Dores são os principais obstáculos para que o usuário consiga sucesso e felicidade, pois representam seus medos, frustrações e travas. Quais são os problemas ou desafios que ele enfrenta em relação ao produto ou serviço atual da empresa? Quais são as barreiras que impedem que ele alcance seus objetivos?

Por exemplo, as dores de Cristina incluem a falta de tempo para cuidar de si mesma, a pressão no trabalho e a dificuldade em encontrar produtos de bem-estar que se encaixem em seu estilo de vida agitado.

8. **Ganhos** – Trata-se daquilo que os clientes valorizam e desejam alcançar com a oferta da empresa. Quais são os benefícios que ele espera obter? Como o produto oferecido pode ajudá-lo a atingir esses ganhos?

> Por exemplo, Cristina valoriza a ideia de ter mais tranquilidade em sua vida. Ela espera ganhar paz de espírito, energia renovada e uma sensação geral de bem-estar com produtos ou serviços que a ajudem a relaxar e encontrar equilíbrio.

3.4 A jornada do usuário

Um modo de o time de design thinking desenvolver mais empatia e obter *insights* sobre os clientes é considerar a experiência total desses clientes. Com isso é possível identificar oportunidades de melhoria. A jornada do usuário ajuda a pensar sistematicamente em todos os passos dados pelo cliente quando ele tem de interagir com o produto. O mapa de empatia é utilizado para sintetizar o que for aprendido (Kelley; Kelley, 2013).

Mapear a jornada do usuário é uma técnica bastante efetiva de visualização e avaliação da experiência do usuário em todas as etapas de seu engajamento com o produto nos mais diferentes pontos de contato, fornecendo uma representação holística da experiência, da emoção, da motivação e da satisfação do usuário a cada interação (Yayici, 2016).

No cenário atual, é muito comum que as atividades dos consumidores passem por vários canais de serviços de uma companhia, conforme eles buscam por informações em diferentes fontes, acessam uma *webpage*, assinam um contrato numa loja física, recebem notas e recibos por *e-mail*, fazem uma ligação ao *call center* (central de atendimento) etc. O mapa da jornada do usuário é uma ferramenta fundamental de design de experiência do usuário (*user experience* – UX), ajudando a empresa a entender e melhorar a experiência que as pessoas têm ao interagir com o produto, fundamentando o entendimento do cliente com a descrição dos passos-chave percorridos por ele antes, durante e depois da compra e uso do produto.

A criação de um mapa da jornada do usuário envolve a representação visual de todo o processo que o usuário percorre, desde a situação em que ele identifica uma necessidade até o momento em que completa sua tarefa. Esse processo pode ser quebrado em várias etapas, que variam de acordo com o contexto e com o produto em questão. O processo de decisão de compra pode ser sequenciado em seis etapas, segundo os estudos de Samara e Morsch (2005) sobre o comportamento do consumidor. Essas etapas são as seguintes:

1. **Reconhecimento da necessidade** – O processo se inicia com o consumidor reconhecendo que tem uma necessidade ou problema, que desencadeia a busca de sua satisfação.

2. **Busca de informação** – O consumidor começa a reunir informações ligadas à consecução de seu desejo, consultando diferentes fontes de informação.

3. **Avaliação das alternativas de produto** – O consumidor avalia as alternativas existentes de produtos (bens ou serviços) que satisfaçam sua necessidade.

4. **Avaliação das alternativas de compra** – O consumidor passa a avaliar as alternativas de compra, ou seja, onde pode comprar o produto que escolheu.

5. **Decisão de compra** – O consumidor incorpora todas as informações que obteve e faz sua escolha, determinando o tipo de produto, a marca, a loja e a forma de pagamento.

6. **Comportamento pós-compra** – Essa etapa é muito importante porque é nela que o consumidor avalia se ficou satisfeito ou insatisfeito com o processo e é nesse estágio que ocorrem as ações subsequentes que podem envolver desde o descarte correto do produto até a busca por produtos adicionais.

Existem diversos modelos de mapas de jornada do usuário. Apresentamos na figura a seguir um exemplo enxuto.

Figura 3.4 – **Mapeando a jornada do usuário**

Mapa da jornada do usuário				
RECONHECIMENTO DA NECESSIDADE	BUSCA DE INFORMAÇÃO	AVALIAÇÃO DE ALTERANTIVAS	DECISÃO	COMPORTAMENTO PÓS-COMPRA
FAZENDO Assistindo a um vídeo. Ouvindo um *podcast*. Lendo um artigo.	Pesquisa no Google. Tutorial no *Youtube*.	Pesquisando na loja. Vendo *reviews* de usuários.	Colocando produtos no carrinho.	Divulgando em suas redes sociais.
PENSANDO "É isso que eu preciso?" "Que interessante! Onde posso saber mais?"	"Será que é fácil de usar?" "Quanto custa?" "Isso vai me ajudar muito."	"Os comentários são muito positivos." "Parece simples de usar."	"Este foi o que me pareceu melhor." "Mal posso esperar para usar."	"Estou me sentindo muito estiloso." "Eles vão morrer de inveja."
SENTINDO Curiosidade Empolgação.	Reflexão. Ansiedade.	Comprometimento. Foco.	Alívio. Tranquilidade.	Alegria. Confiança.
BARREIRAS	*Site* não carrega. Informações desatualizadas.	Difícil localização na loja. Prateleira desarrumada. Concorrente em ponto de destaque.	Falta do produto em estoque. Problemas com o cartão.	Necessidade de ler o manual para uso correto.

stas11/Shutterstock

A utilização do mapa da jornada do usuário permite a síntese de todos os elementos encontrados em um formato visual. De posse de todas essas informações, a equipe pode começar a ter ideias sobre as possíveis soluções a serem exploradas e desenvolvidas na próxima etapa (Pagani, 2017).

Como montar um mapa do usuário? Eis o que o time de design thinking deve fazer:

1. **Identificar os usuários** – Quem é o protagonista da história? Aqui é comum que sejam criadas personas. Cada persona estabelecida tem uma jornada do usuário diferente, então é necessário montar mapas para cada uma delas.

2. **Definir os objetivos** – Agora é necessário buscar entender quais são os objetivos do usuário quando ele interage com o produto ou serviço. É possível incluir tarefas específicas que o usuário deseja realizar.

3. **Mapear as etapas** – Como é a experiência do usuário antes, durante e depois da interação com o produto? É necessário criar um diagrama que represente as etapas pelas quais o usuário passa ao realizar suas tarefas. Convém mapear todos os passos, por menores ou triviais que pareçam, e organizá-los em uma sequência temporal. Podem ser incluídas ramificações para indicar caminhos alternativos que usuário pode tomar.

4. **Pontos de contato** – Onde a história acontece? É preciso descrever os ambientes e as pessoas com os quais o protagonista precisa interagir durante esse processo até que ele consiga atingir seu

objetivo. Devem ser identificados todos os pontos de contato entre o usuário e o produto, tais como interações físicas – conversas com funcionários, totens de autoatendimento – e interações digitais – pesquisa em um *site*, conversas em *chat* etc.

5. **Emoções e pensamentos** – É preciso incluir em cada etapa informações sobre o que os usuários fazem, pensam e sentem em cada ponto do processo. É muito importante o esforço para capturar as emoções e os pensamentos dos usuários, pois isso ajuda a compreender as experiências emocionais deles.

6. **Dor e fricção** – O que irrita o usuário? Filas grandes, demora no *site*? O que agrada ao cliente? É necessário dar especial atenção aos momentos de dor e fricção que o usuário tenha de enfrentar. Isso ajuda a identificar áreas problemáticas que precisam ser melhoradas.

7. **Avaliação** – Uma vez que o mapa esteja preenchido, é necessário procurar por *insights*. Há algum padrão emergente, surpreendente ou estranho? Convém investigar por que certos passos ocorrem, qual a ordem em que ocorrem etc., bem como questionar como é possível inovar a cada passo. Se possível, deve-se mostrar o mapa que foi montado para pessoas que estão familiarizadas com a jornada do usuário, para ver se algo passou despercebido.

8. **Processo contínuo** – A criação do mapa da jornada do usuário não é um processo estático. À medida que um produto evolui e as necessidades do usuário mudam, o mapa deve ser atualizado e refinado de modo a refletir essas mudanças.

3.5 A definição do problema

No decorrer deste capítulo, trabalhamos a questão de como se deve abordar o problema que o time de design thinking pretende resolver, apontando que raramente o problema se apresenta de forma clara e precisa. Por meio de um processo de questionamento, revisão e dúvida, deve-se tentar delimitar o problema considerando mais perspectivas. Ao fazer uso de ferramentas como a criação de personas, o mapa de empatia e a jornada do cliente, diferentes aspectos da questão se apresentam, o que pode levar a empresa a reconsiderar o que aprendeu e sabe.

Reframing é um conceito fundamental no processo de design thinking e refere-se à prática de olhar para um problema de uma perspectiva diferente e muitas vezes inesperada. Assim, em vez de se aceitar a primeira definição do problema, busca-se reescrevê-la ou reformulá-la de modo a permitir a exploração de outras oportunidades de solução. Por meio desse processo, a empresa amplia suas perspectivas e considera ângulos inicialmente não contemplados.

Quando se questiona a maneira como um problema é definido, é possível identificar suposições que podem não ser válidas e que limitam a criatividade. Assim, o empreendedor está sempre encorajando a equipe a desafiar preconceitos e pensar de forma mais ampla. Isso frequentemente revela oportunidades que não eram óbvias para se abordar um problema. Um problema definido na forma de "Como reduzir os custos de produção?" pode ser reformulado para "Como criar produtos mais sustentáveis?". Isso pode gerar soluções que vão além da simples redução de custos.

Considerando-se sempre o envolvimento do maior número de *stakeholders* possível, a reformulação de um problema de acordo com as perspectivas e as necessidades dos envolvidos permite a construção das soluções que melhor se aliem aos interesses dessas pessoas. É importante que o empreendedor não tenha medo da inovação, pois muitas das inovações disruptivas nasceram da reformulação de um problema existente. Empresas como Airbnb, Uber e Ifood reformularam a maneira como pensamos sobre acomodação, transporte e alimentação.

O *reframing* não é um processo linear, mas uma prática iterativa que ocorre ao longo de todo o design thinking. À medida que a equipe coleta informações, gera ideias e protótipos e tenta soluções, vai reformulando o problema. Isso ajuda a manter a criatividade fluindo e garante que a equipe esteja focada em encontrar soluções centradas no usuário, que sejam verdadeiramente inovadoras.

Uma vez que o time tenha chegado a um consenso sobre o problema e observado como ele se manifesta no mundo real, obtendo informações, é hora de sintetizá-lo. A boa formulação do problema é um fator-chave para a próxima etapa, que é a ideação. As informações coletadas até aqui devem responder obrigatoriamente a duas questões:

1. **Quem é o usuário-chave que importa?**
2. **Que necessidades específicas desse usuário queremos satisfazer?**

O time de design thinking vai redefinir o problema original com base nessas duas questões. Embora não haja uma regra exata para a elaboração, deve-se evitar cair na armadilha de fazer uma definição muito restrita ou muito ampla. É possível começar com uma definição ampla e, aos poucos, torná-la mais específica passo a passo. Alternativamente, também podem ser formuladas múltiplas questões que se concentram em diferentes facetas do tópico, buscando-se um meio termo entre elas.

Uma armadilha comum que o empreendedor deve evitar é inserir possíveis soluções na formulação do problema. É importante considerar mais o que e por que fazer do que como fazer. Por exemplo: "Como podemos usar a tecnologia de impressão em 3D para desenvolver acessórios de bicicleta de modo rápido e fácil?". Trata-se de uma definição problemática, uma vez que, ao apontarmos a impressora 3D na formulação do problema, obrigatoriamente já a inserimos como parte da solução. Uma formulação melhor seria: "Como podemos ajudar nossos clientes a conseguir acessórios para suas bicicletas em poucas horas gastando menos dinheiro possível?". Percebe como essa formulação deixa o campo de soluções mais aberto?

Lembre-se de que no design thinking se incorpora a emoção no processo de resolução de problemas. Assim, o problema ou questão formulado deve ser relevante e desafiador. Quanto maior a relevância do problema, mais atrativa a solução se torna, o que aumenta a motivação dos participantes e contribui para a solução. Dito de outra forma, uma tarefa apenas cria pressão para que se encontre sua solução e incentiva a implementação rápida; um problema que é desafiador e relevante, por outro lado, prende a atenção.

É importante ainda que o time de design thinking não se esqueça de formular o problema a partir da perspectiva do consumidor. Isso significa que devem ser utilizadas palavras que sejam atraentes no campo humano e pessoal, com ênfase nos sentimentos. Ou seja, o problema não é um objetivo de negócios que precisa ser trabalhado nem um problema técnico demandando solução, ele é uma questão pessoal. O foco devem ser as pessoas (Muller-Roterberg, 2020).

Professor da escola de negócios de Havard, Theodore Levitt criou, em 1986, um conceito chamado *miopia no marketing*, situação em que uma organização de negócios tem uma abordagem ou estratégia de *marketing* muito estreita, permanecendo focada em apenas um aspecto de muitos atributos de *marketing* possíveis. Sua frase sobre o tema que se tornou memorável foi: as pessoas não querem ter de comprar uma furadeira, elas querem um buraco na parede (Levitt, 2022). Essa frase sintetiza o que tratamos até aqui, ou seja, a necessidade do cliente deve ser expressa como um problema que deve ser resolvido, independentemente dos meios.

Uma técnica muito utilizada para a formulação do problema é a chamada "Como nós podemos?", que ajuda a resumir o problema numa mensagem curta de uma única sentença. Observe:

> Como nós podemos ajudar/apoiar/convencer a pessoa-alvo de modo que o problema dela seja resolvido ou o desejo dela seja atendido com o seguinte resultado na seguinte situação e com a seguinte limitação?

No que se refere às limitações a serem expressas na formulação, entenda que elas são apenas aquelas condições que não podem ser modificadas, tais como questões legais, determinações ambientais ou princípios éticos. Uma vez que o empreendedor tenha escrito essa sentença-chave, ela deve ser colocada no local central de todos os cômodos utilizados pelo time de design thinking, de modo que todos os integrantes da equipe possam vê-la. Essa sentença pode ser complementada com outras informações, como fotos e gráficos. A frase que captura o correto problema/desafio do time deve estimular discussões e estar visível em todas as etapas subsequentes do design thinking, de forma que o empreendedor possa se referir a ela sempre que precisar. Ela também possibilitará a avaliação dos resultados das próximas etapas.

SÍNTESE

Neste capítulo, abordamos a segunda etapa do processo de design thinking, que é a definição, em que a equipe busca um entendimento comum acerca do problema a ser tratado, alinhando objetivos com expectativas. Como muitas vezes os desafios têm causas complexas e estão profundamente enraizados, eles não são evidentes à primeira vista. Assim, deve-se realizar uma análise profunda que permita à equipe de design thinking compreender não apenas os sintomas, mas também as causas.

Todo projeto de design thinking bem-sucedido começa com uma declaração bem-feita do problema a ser tratado, oferecendo um ponto de partida para o projeto. Essa declaração é constantemente ajustada e refinada nas várias iterações do ciclo de design, ressignificando o problema no decorrer do processo, o que otimiza a solução. A utilização de ferramentas, como a elaboração de personas, mapas de empatia e jornada do usuário, é recomendada para ajudar no processo.

O *reframing* é um conceito fundamental do design thinking e refere-se à prática de olhar para um problema sob uma perspectiva diferente e, muitas vezes, inesperada. Em vez de se aceitar a primeira definição de um problema, busca-se reescrevê-lo ou reformulá-lo de modo que seja possível a exploração de outras oportunidades de solução, considerando ângulos inicialmente não contemplados. Ao fim da etapa de definição, pode ser redigida uma sentença-chave que resume o problema numa mensagem curta e única que orientará o time nas próximas etapas.

QUESTÕES PARA REVISÃO

1. Explique com suas palavras o que é a etapa de definição no processo de design thinking.

2. O que é o conceito de *reframing* no design thinking?

3. Em um projeto de design thinking, a criação de personas desempenha um papel fundamental. As personas são representações fictícias de usuários e ajudam a equipe de design a compreender melhor as necessidades, as motivações e os comportamentos dos verdadeiros usuários. Sobre a criação de personas no contexto do design thinking, qual das seguintes afirmações é verdadeira?

a. As personas devem ser sempre baseadas em dados demográficos reais dos usuários, evitando a conjectura ou a especulação.

b. As personas são criadas após a fase de prototipagem, quando a equipe já tem uma solução concreta para validar.

c. As personas são um artefato opcional e raramente são usadas no design thinking, pois podem atrasar o processo.

d. As personas são construídas com base em pesquisa empírica, incluindo entrevistas, observações e análises de dados, e devem ser atualizadas conforme o projeto evolui.

e. As personas são usadas apenas para fins de *marketing* e não têm relevância na fase de design de produtos ou serviços.

4. Levando em consideração a elaboração do mapa de empatia, avalie as afirmações a seguir e indique se são verdadeiras (V) ou falsas (F).

( ) O mapa de empatia é uma ferramenta usada para compreender profundamente os usuários e seus sentimentos, necessidades e motivações.

( ) No mapa de empatia, uma das seções geralmente se concentra nas dores dos usuários, ou seja, em seus problemas e desafios.

( ) O mapa de empatia é uma ferramenta que se concentra principalmente em dados demográficos, como idade e gênero dos usuários.

( ) O uso do mapa de empatia no design thinking ajuda a equipe de design a criar empatia genuína com os usuários, o que é essencial para desenvolver soluções centradas no usuário.

Agora, assinale a alternativa que corresponde à sequência correta:

a. F, V, F, V.
b. F, F, V, V.
c. V, V, F, V.
d. V, F, V, V.
e. F, F, F, V.

5. A jornada do usuário no design thinking é uma representação visual que descreve _____, desde o momento em que eles encontram um problema ou necessidade até a experiência completa de interagir com um produto, serviço ou sistema.

Assinale a alternativa que preenche corretamente a lacuna:

a. as preferências estéticas dos usuários.
b. o histórico de compras dos usuários.
c. as características demográficas dos usuários.
d. as etapas e emoções que os usuários vivenciam.
e. os custos associados ao produto ou serviço.

QUESTÕES PARA REFLEXÃO

1. Na etapa de definição, o time de design thinking se esforça para criar uma declaração de problema precisa e orientadora. Por que é tão crucial dedicar tempo e esforço para definir o problema com clareza antes de começar a desenvolver soluções? Considere a importância disso para o sucesso de um projeto de design centrado no usuário.

2. Você já fez parte de algum projeto cujo problema estava mal definido ou confuso? Quais foram as consequências disso? Que tipo de dificuldades poderiam ter sido evitadas se o problema tivesse sido mais bem definido? Qual foi o resultado do projeto?

3. Theodore Levitt, professor da escola de negócios de Havard, afirmou que o consumidor não compra uma furadeira, ele compra um buraco na parede (Levitt, 2022). O que essa declaração sugere sobre a importância de entender as necessidades e motivações reais dos consumidores em vez de se concentrar apenas nos produtos ou serviços em si? Como essa perspectiva pode influenciar a maneira como as empresas abordam o design de produtos e a criação de valor para os clientes? O que podemos extrair dessa afirmação para o design thinking?

4. Como a criação de personas, a construção de um mapa de empatia e a análise da jornada do usuário se complementam para proporcionar uma compreensão mais profunda e empática dos clientes no design thinking? Como essas ferramentas podem ajudar as equipes de design a criar soluções mais eficazes e centradas no usuário?

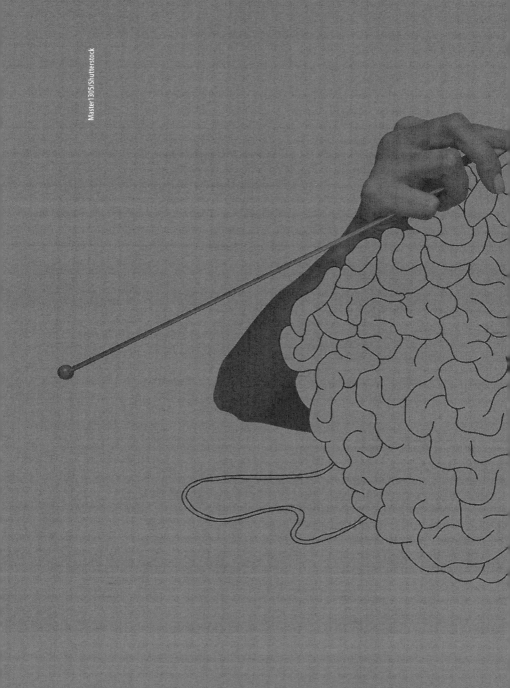

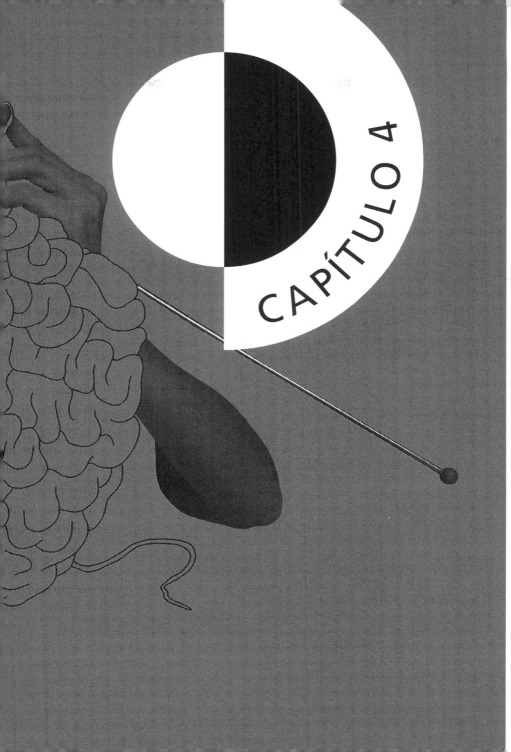

CAPÍTULO 4

IDEAÇÃO: LIBERANDO A CRIATIVIDADE

Conteúdos do capítulo:

- Etapa III: ideação.
- *Brainstorming*, processo gerador de ideias.
- A cocriação no design thinking.
- Design sprint.
- Refinando a proposta criativa.

Após o estudo deste capítulo, você será capaz de:

1. compreender a etapa de ideação;
2. saber como conduzir sessões de *brainstorming*;
3. desenvolver *workshops* de cocriação;
4. coordenar ações de design sprint;
5. selecionar as ideias mais promissoras para prototipagem.

Neste capítulo, trataremos da etapa de ideação do design thinking, momento em que a equipe busca ampliar a gama de perspectivas e adotar abordagens criativas para gerar ideias que possam ser convertidas em soluções inovadoras para o problema definido. O principal objetivo da ideação é gerar um rico conjunto de ideias.

Você verá como é possível trabalhar a habilidade inata de ser criativo e, principalmente, suspender a crítica às ideias quando elas estão sendo geradas, de modo a permitir que estas cresçam e evoluam. Apresentaremos algumas das ferramentas mais utilizadas para a geração de ideias, como o *brainstorming* e o *workshop* (oficina) de cocriação, bem como uma versão turbinada do processo de design thinking utilizado pelo Google, o design sprint. Finalizaremos este capítulo apresentando um *framework* (modelo) de seleção das ideias mais promissoras, que serão trabalhadas e aprimoradas para serem prototipadas e testadas na próxima etapa.

4.1 Etapa III: ideação

No processo de design thinking, o time de design busca determinar quem é o usuário-alvo de sua solução, acumula informações sobre o problema em questão, conversa com todas as partes envolvidas e familiariza-se com o contexto em que o uso do produto/serviço em questão ocorre. A equipe pesquisa, analisa e internaliza todo o conhecimento e os *insights* obtidos e sintetiza os principais achados, para em seguida elaborar a definição do problema.

Como aponta Pressman (2019), é provável que até essa etapa o time de design thinking tivesse perspectivas conflitantes e diferentes expectativas no que se refere aos resultados do projeto, em função das prioridades de cada uma das partes interessadas. Ao definir o problema a ser resolvido, efetivamente as prioridades do projeto são selecionadas e o escopo é delimitado.

Tem início, então, a parte mais divertida. É chegado o momento de se libertar das amarras conceituais e dar asas à imaginação, estimulando a criatividade na etapa da ideação. Com uma boa dose de criatividade temperada pelas informações obtidas, a meta agora é buscar soluções.

A fase de ideação é o momento em que o time, fazendo uso de ferramentas e técnicas especializadas, desenvolve ideias acerca da potencial solução do problema que foi determinado na etapa anterior. Ou seja, é nesse estágio em que o time de design busca gerar conceitos ou ideias que serão trabalhados e prototipados no próximo estágio (Ambrose; Harris, 2011).

Convém lembrar que, nessa etapa, é ideal que se constitua um grupo que contemple uma variedade de perfis de pessoas envolvidas no processo de geração de ideias. Idealmente, é necessário incluir aqueles que serão "servidos" pela solução a ser desenvolvida. É bem comum que nessa etapa sejam convidados usuários e/ou profissionais de outras áreas para participarem do processo, uma vez que o objetivo é reunir diferentes *expertises* (conhecimentos) e perspectivas na esperança de gerar um resultado rico.

Como essa etapa se relaciona diretamente com a criatividade e o pensamento criativo, entendemos ser importante esclarecer um ponto: para todos aqueles que não estão envolvidos profissionalmente com a criatividade, pode parecer que ser criativo é um dom inato, algo com o que se nasce ou não. É importante afastar essa ideia da cabeça, pois a criatividade é uma habilidade e, como toda habilidade, pode ser exercitada e desenvolvida com treino. No decorrer deste capítulo, serão apresentadas diversas técnicas que visam facilitar o processo criativo.

A geração de ideias é a etapa de transição entre a identificação de um problema e a tangibilização de sua solução. Assim, a ideação deve ser entendida como uma oportunidade para o time de design alinhar seu entendimento das necessidades do usuário com sua capacidade de ter ideias criativas, o que leva à criação de soluções concretas. O principal objetivo dessa etapa é permitir que o time gere diversas ideias, indo para além do óbvio, removendo as limitações cognitivas que usualmente temos acerca do que é ou não possível. É muito importante que o time aceite e promova um pensamento livre, num ambiente que acolha qualquer ideia proposta antes de julgá-la (Kumar; Kurni, 2022).

Pergunte a qualquer profissional do setor criativo qual é o segredo por trás da criação de uma boa ideia e todos darão a mesma resposta: ter um monte de ideias. Por meio do processo de criação de um grande número de ideias, o time de design escolhe as mais promissoras e avança, tendo mais ideias, até que chegue a uma ótima ideia. No livro que consideramos ser um dos melhores já escritos sobre criatividade, Menna Barreto (1982) propõe que criatividade é sinônimo de solução de problemas. Ela só existe, ela só se exprime, diante de um problema real, como aplicação a esse problema. Simplesmente não há criatividade sem problema referente.

Um dos maiores exemplos da natureza criativa do ser humano diante de problemas é a "gambiarra", que pode ser entendida como uma solução improvisada e não convencional para um problema ou desafio, geralmente criada com recursos limitados, tempo restrito e falta de acesso a materiais apropriados. Sua prática normalmente envolve a criação de uma solução funcional ou mesmo a adaptação de ferramentas e materiais. Um dos exemplos mais bem documentados do poder da criatividade manifesto em "gambiarra" é a catastrófica missão à Lua da nave Apollo 13. Em dado momento, os astronautas tiveram de improvisar um filtro de dióxido de carbono para não morrerem, somente com os materiais que tinham à disposição na nave (Haise; Moore, 2022). Isso, sim, é que é um enorme problema!

Quando observamos os profissionais que são valorizados por sua criatividade (publicitários, designers, artistas etc.), podemos notar que o que chamamos de *criatividade* nada mais é do que a capacidade de pensar de forma divergente ou, na expressão mais comum, "pensar fora da caixa". O pensamento criativo enseja soluções originais para problemas buscando alternativas não óbvias.

A ideação é o momento de explorar novas possibilidades. A equipe gera incontáveis ideias e considera as opiniões mais divergentes. As mais promissoras avançam num processo de iteração em rodadas. O segredo é explorar de forma rápida um amplo escopo de ideias sem investir emocionalmente em nenhuma delas (Kelley; Kelley, 2013).

Como ressalta Pressman (2019), é muito importante entrar na etapa da ideação com a atitude certa. Não se deve subestimar o valor dese divertir como parte integral do processo de ideação. A diversão não só ajuda a diminuir o estresse, mas também destrava a criatividade, permitindo que um problema seja abordado de diferentes modos. Os integrantes da equipe devem se esforçar para superar as inibições adquiridas em sua vida adulta e voltar a ser crianças.

A ideação é a fase do design thinking que provavelmente mais será repetida durante o desenvolvimento de um novo produto. Sendo empregada sempre que o time precisar gerar múltiplas opções para escolher uma delas, ela está intimamente associada às fases subsequentes do design thinking, nas quais os protótipos serão construídos e testados. Por exemplo, quando o time de design retornar da fase de protótipo com uma lista de coisas que têm de ser melhoradas ou uma lista de *bugs* (falhas) para resolver, ele pode acionar a fase de ideação para descobrir novas formas de resolver esses desafios.

Além disso, a ideação é profundamente centrada no ser humano. O objetivo final não é apenas gerar ideias por si sós, mas ideias que atendam a necessidades, desejos e emoções das pessoas. Essa empatia pelo usuário é um lembrete constante de que a inovação deve ser relevante e significativa. Vale destacar que a ideação é um processo colaborativo. Os participantes são encorajados a construir sobre as ideias uns dos outros, a nutri-las e expandi-las. Essa sinergia criativa entre pessoas com diferentes experiências, perspectivas e habilidades frequentemente resulta em soluções mais ricas e inovadoras. Johnson (2011) afirma que o segredo para ter boas ideias não é ficar sentado em um glorioso isolamento, tentando ter grandes pensamentos, e sim interagir com as ideias dos outros.

4.2 *Brainstorming*: processo gerador de ideias

Este é o estágio em que se busca fomentar e alimentar ideias que podem indicar o caminho para a solução dos problemas. A grande questão com relação às boas ideias é que, embora elas sejam relativamente fáceis de serem identificadas, não há como saber de onde elas vão surgir. Como lembram Cavalcanti e Filatro (2016), por vezes, a solução de determinado problema ou uma proposta inovadora advém da fala ou sugestão de um *stakeholder* entrevistado; outras vezes, surge do *insight* de um designer que ouviu uma ideia de outro designer e foi capaz de projetar alguma solução inovadora a partir da junção de ideias.

Existem diversas técnicas para estimular o processo de geração de ideias, sendo o *brainstorming* provavelmente a mais conhecida. Essa técnica é utilizada para que se concebam ideias, um grande volume delas, na esperança de que em seu meio exista uma que saia do padrão e não seja óbvia.

Para Liedtka e Ogilvie (2019), o *brainstorming* é fundamental para o modo de pensar sobre inovação. Ao fazer a jornada do cliente, montar o mapa de empatia ou utilizar qualquer uma das ferramentas da etapa de definição, é provável que o time de design thinking já tenha começado a ter novas ideias. De posse de um problema bem definido, é hora de resgatar essas ideias, uma vez que agora há um mapeamento das verdadeiras prioridades do cliente e critérios para guiar o design. Em determinadas áreas, como na publicidade e no design, o uso dessa ferramenta se tornou bastante disseminado.

É sempre surpreendente quando, ao serem questionadas sobre o principal benefício do *brainstorming*, as pessoas respondem: gerar ideias. Poucas pessoas se dão conta de que a principal função do *brainstorming* é ensinar a **suspender a crítica**. Explicamos: ideias são como seres humanos – elas nascem, crescem e se desenvolvem.

Quando nascem, as ideias são frágeis, quebradiças, delicadas, e qualquer gesto mais brusco é suficiente para comprometer sua "saúde". Infelizmente, vivemos em um mundo que é muito árido em relação às novas ideias. Ao contrário do que fazemos com um recém-nascido, que é acolhido, envolvido e protegido, com as ideias temos a tendência de começar a criticá-las tão logo elas surgem, submetendo-as a uma série de julgamentos, como "ela é muito boba", "é impraticável", "jamais conseguiremos autorização para fazer isso".

O *brainstorming* é uma técnica em que, por meio do compartilhamento espontâneo de ideias, busca-se gerar *insights* e novas ideias, tendo em vista o conceito de que "duas cabeças pensam melhor do que uma". A técnica nos ensina a suspender o processo de crítica enquanto propomos ideias, de forma a termos um grande número delas.

Durante uma sessão de *brainstorming*, os participantes têm liberdade total para dar sugestões em um ambiente livre de críticas, o que acaba por encorajar a apresentação de ideias inusitadas e potencialmente úteis. Recursos como quadros-brancos e cartolinas podem ser usados para facilitar o processo e registrar as ideias geradas. Ao término da sessão, as ideias são agrupadas por tipo, e sua adequação é avaliada para que uma lista com apenas as melhores ideias seja elaborada (Ambrose; Harris, 2011).

A principal utilidade do *brainstorming* é garantir que sejam consideradas ideias que podem resultar em algo fundamentalmente novo em termos de criação de valor. O *brainstorming* é realizado em equipes, de modo a permitir o surgimento de pontos de vista e opiniões heterogêneos, possibilitando ao time de design thinking acessar a inteligência coletiva do grupo. Efetivamente, o *brainstorming* é um processo replicável que pode ser usado para provocar pensamentos criativos de elevado potencial. Ele ajuda a pegar um punhado de pensamentos e cria condições para que eles se multipliquem exponencialmente, pela incorporação de novas pessoas, perspectivas e estímulos. Na bagunça que se obtém após uma boa sessão de *brainstorming*, encontram-se as matérias-primas para vários conceitos inovadores.

A figura a seguir é um bom exemplo do terreno em que as ideias brotam no *brainstorming*.

Figura 4.1 – ***Brainstorming*: estímulo à incorporação de novas perspectivas em ideias**

Como conduzir uma sessão de *brainstorming*? Os seguintes pontos devem ser considerados:

- **Pessoas certas** – Recomenda-se que o *brainstorming* seja feito por um grupo pequeno e diversificado de pessoas, sendo essencial que o time de design thinking tente ir além da equipe central do projeto. Consideramos que o tamanho máximo do grupo deve ser de dez pessoas.
- **Apresentar o desafio** – A equipe do *brainstorming* precisa estar focada em um desafio claramente determinado. Assim, a sessão deve ser iniciada com a apresentação do desafio.
- **Empatia correta** – Para que a sessão seja bem-sucedida, os participantes precisam cuidar do problema, e isso significa que o time de design thinking deve mostrar a eles o custo humano. Portanto, é útil apresentar as personas que foram desenvolvidas.
- **Modo de operação** – No *brainstorming*, todos os integrantes são criadores, não críticos. A principal regra é que todas as críticas estão proibidas. Todas as ideias são válidas. É útil delimitar algumas regras, como pedir aos participantes que falem um de cada vez e não demorem muito em sua exposição. É permitido, e estimulado, que os participantes construam sobre ideias alheias.
- **Determinar o tempo** – Estabelecer a duração da sessão de *brainstorming* ajuda a manter a pressão, forçando a geração de mais ideias.

- **Escolher um facilitador** – É recomendável que se escolha alguém para ser o responsável pela condução do processo de *brainstorming*. Essa pessoa deve garantir a ordem, evitando que um membro do grupo domine a sessão e encorajando a contribuição de todos. Lembre-se de que a quantidade precede a qualidade, isto é, quanto mais ideias, melhor.
- **O que não fazer** – Não se deve impor que o superior hierárquico fale primeiro, defina metas e requisitos. Também não se deve insistir que as contribuições sejam feitas em ordem, proibir que ideias tolas sejam comunicadas ou querer que se registre absolutamente tudo o que for falado.
- **Finalização** – Após uma sessão de *brainstorming* intensa e produtiva, a equipe passa à fase de seleção e refinamento. Nesse ponto, as ideias são analisadas e classificadas, com foco nas mais promissoras. O processo de filtragem de ideias não precisa ser profundo – é mais uma pré-seleção que busca cortar o excesso de ideias e pontos redundantes.

O *brainstorming* é mais do que apenas um exercício criativo; é uma ferramenta essencial para estimular a inovação e a resolução de problemas complexos. Ao reunir mentes diversas e criar um espaço seguro para a expressão de ideias, o design thinking utiliza o poder do *brainstorming* para desbloquear soluções que podem transformar o mundo e melhorar a vida das pessoas. Portanto, nunca subestime o poder de uma boa tempestade de ideias.

4.3 A cocriação no design thinking

No estágio de ideação, é importante que o time de design thinking sempre tenha em mente dois conceitos:

1. **Abraçar a ambiguidade** – Somos condicionados a operar num campo de certezas, porém todo processo de criação e descoberta envolve aspectos que desconhecemos. Na busca pela grande ideia, é comum que a equipe tenha de seguir trilhas confusas e que, à primeira vista, não parecem promissoras, mas é importante lembrar que é do terreno ambíguo que surgem as melhores contribuições.

2. **Divertir-se** – Nunca se deve subestimar a importância de se divertir durante a etapade ideação, pois a diversão faz parte integral do processo de geração de ideias. Se o trabalho é encarado como divertido, fica mais fácil criar associações livres, gerar ideias com velocidade, revirar e "cutucar" propostas, visto que as pessoas não estão preocupadas com críticas ou como que os outros vão pensar. Então, é preciso apenas deixar tudo fluir.

O *brainstorming* é um dos pilares do design thinking, possibilitando a criação de muitas ideias; contudo, alguns designers entendem que também existe a necessidade de criar situações que permitam às pessoas trabalhar de forma participativa e cooperada, de modo a serem capazes de esboçar alternativas para a solução dos problemas. É nessas situações que a cocriação é utilizada.

Um *workshop* de cocriação é um encontro organizado na forma de uma série de atividades em grupo que objetivam estimular a criatividade e a colaboração, com o fim de fomentar o surgimento de soluções inovadoras. É comum que sejam convidadas a participar pessoas que têm envolvimento direto com as soluções que se deseja projetar, como o usuário final ou funcionários da empresa que encomendou o projeto (Vianna et al., 2012).

Alguns designers utilizam o *workshop* de cocriação como forma de validarem as ideias geradas por uma equipe de pessoas que não estão envolvidas no dia a dia do projeto, entendendo que nesse momento tais pessoas podem contribuir de maneira significativa para o andamento do projeto. Ao trazer os *stakeholders* para o processo de criação, é possível gerar *insights* valiosos, uma vez que a solução projetada deve resolver o problema deles, e eles podem direcionar os designers em relação ao que entendem que funcionaria ou não. Isso permite descartar soluções que não seriam adequadas antes de despender esforços para projetar e lançar algo no mercado (Pagani, 2017).

Pense, por exemplo, na seguinte situação: uma equipe de design thinking está projetando um aplicativo que vai facilitar a vida de pais com crianças pequenas, porém nenhum dos integrantes da equipe tem filhos. Podemos considerar também um time que está projetando uma solução para navios de cruzeiro, mas seus integrantes nunca vivenciaram o dia a dia da tripulação de uma embarcação desse tipo. Fica evidente que trazer pessoas que tenham "conhecimento de causa" pode elucidar o valor – ou a falta dele – das "ótimas" ideias.

Existem diferentes configurações possíveis para *workshops* de cocriação. O principal propósito sempre é fazer com que as pessoas colaborem com a experiência que está sendo criada no processo de design. É comum que, em ambientes altamente hierárquicos e estruturados, o processo de cocriação seja visto com estranheza, em especial porque as pessoas tendem a pensar no processo criativo como uma atividade puramente cerebral. O que os estudos da ciência cognitiva têm constatado é que o pensamento abstrato é só uma das formas de pensar. Dito de outro modo, para algumas pessoas, pensar envolve necessariamente "colocar a mão na massa": essas pessoas precisam rabiscar, manipular e interagir para conseguirem ordenar seu pensamento; os *workshops* de cocriação são ótimos para esse tipo de pessoa.

Não pense no *workshop* de cocriação apenas como um exercício criativo, mas como uma forma de superar barreiras linguísticas. Tom Kelley, quando era diretor da IDEO – umas das empresas de design mais criativas do mundo –, descreve uma situação em que era o responsável por gerenciar um time de design atuando no desenvolvimento de ferramentas médicas de alta precisão(Kelley; Littman, 2001). Nas reuniões que ele tinha com os médicos especialistas, profissionais altamente capacitados com décadas de experiência profissional, ao apresentar seu protótipo, recebia como *feedback* que o protótipo funcionava, mas estava errado. A frustração de Kelley estava relacionada ao fato de que os médicos simplesmente não conseguiam expressar verbalmente o que entendiam ser o problema. Preparada para esse tipo de situação, a empresa de design de Kelley tem uma caixa "mágica", chamada de Tech Box, uma espécie de gabinete móvel com cinco gavetas repletas dos mais diferentes materiais. Em ocasiões como essas, ele pede aos envolvidos que tentem demonstrar o que querem dizer de forma prática. E assim ele pediu aos médicos que mostrassem, utilizando os materiais do Tech Box, qual era o problema.

Em alguns minutos, os médicos adaptaram um cabide e, usando uma pistola de cola, papelão e peças plásticas, montaram um dispositivo parecido com a ferramenta proposta. Então, um deles se levantou e explicou, com o dispositivo em mãos: "Olha, quando estou operando fico nesta posição..., então uso a ferramenta assim..., mas preciso conseguir fazer isto com o paciente utilizando apenas um dedo...". À medida que médico explicava, manipulava o objeto que havia construído (Kelley; Littman, 2001, p. 169). Imediatamente, o time de design compreendeu o que estava incomodando os médicos. A ideia do *workshop* de cocriação é libertar esse tipo de expressão e pensamento.

Apresentamos agora um roteiro geral para a realização de um *workshop* de cocriação, mas é importante lembrar que a estrutura e oconteúdo podem variar, dependendo do contexto e dos objetivos. No *workshop* de criação, o time de design thinking pode observar os seguintes passos:

1. **Boas-vindas e Introdução** (15 minutos) – Receber os participantes, apresentar o facilitador e a equipe de apoio, contextualizar o problema ou desafio a ser abordado durante o *workshop* e determinar os objetivos e as expectativas do *workshop*.

2. **Quebra-gelo** (15 minutos) – Desenvolver uma atividade lúdica como quebra-gelo (tornar o ambiente mais acolhedor ou relaxado), de modo a promover a interação entre os participantes e criar um ambiente descontraído.

3. **Compreensão profunda do problema** (30 minutos) – Apresentar o problema ou desafio de modo mais detalhado, estimular a discussão em grupo para esclarecer dúvidas e obter informações adicionais e realizar uma discussão inicial sobre possíveis soluções.

4. **Geração de ideias** (60 minutos) – Realizar um *brainstorming* estruturado, incentivando a geração de ideias criativas e inovadoras, encorajar a participação de todos os envolvidos e anotar as ideias em um quadro ou mural que seja visível.

5. **Agrupamento e seleção de ideias** (30 minutos) – Discutir com os participantes o agrupamento de ideias semelhantes, solicitar uma votação para priorizar as mais promissoras e selecionar as ideias que serão desenvolvidas em protótipos.

6. **Prototipagem** (60 minutos) – Dividir os participantes em grupos pequenos. Cada grupo fica responsável pela criação do protótipo de uma das ideias selecionadas. Os protótipos podem ser esboços, maquetes, representações visuais ou ter qualquer outro formato que ajude a expressar a ideia.

7. **Apresentação dos protótipos** (30 minutos) – Cada grupo apresenta seu protótipo aos demais participantes. O time de design thinking deve discutir sobre cada protótipo e dar um *feedback*, identificando pontos fortes e áreas de melhoria.

8. **Teste e iteração** (30 minutos) – Discutir como os protótipos podem ser aprimorados com base no *feedback* que receberam. Buscar identificar os possíveis desafios ou obstáculos que podem surgir na hora de implementar as soluções. Planejar as próximas etapas.

9. **Encerramento e compromissos** (15 minutos) – Fazer um resumo das principais conclusões e aprendizados do *workshop*. Agradecer aos participantes pela contribuição. Definir os compromissos e os próximos passos para a implementação das soluções.

10. *Feedback* **e avaliação** (15 minutos) – Coletar *feedback* dos participantes sobre o *workshop*, avaliar a eficácia do processo de cocriação e anotar as sugestões de melhorias futuras.

A flexibilidade é fundamental em um *workshop* de cocriação. Assim, o facilitador deve estar preparado para adaptar o roteiro com base nas dinâmicas do grupo e nos resultados obtidos durante o processo. O objetivo final é gerar soluções inovadoras e criar um ambiente de colaboração que seja eficaz.

4.4 Design sprint

A metodologia do design sprint é um processo estruturado e colaborativo que ajuda equipes a solucionar problemas complexos e criar soluções inovadoras em um curto espaço de tempo. Desenvolvida pela Google Ventures, ela é uma "versão turbinada" do processo de design thinking que concentra todas as atividades em uma semana exclusivamente dedicada ao processo (Knapp; Zeratsky; Kowitz, 2017). O objetivo principal do design sprint é validar ideias e conceitos rapidamente por meio de prototipagem e teste com usuários reais. O processo envolve uma série de etapas, geralmente realizadas em cinco dias consecutivos, conforme ilustrado na figura a seguir.

Figura 4.2 – **A semana de design sprint**

O estágio de preparação para um *sprint* consiste na seleção de uma equipe de participantes – idealmente sete pessoas ou menos – e de um problema/desafio a ser resolvido. A metodologia *sprint* propõe a imersão da equipe; assim, é necessário que as agendas de todos estejam bloqueadas durante uma semana para se dedicarem ao *sprint* das 10h às 17h, com um rápido intervalo pela manhã (11h 30min) e à tarde (15h 30min) e 1 hora de almoço (Knapp; Zeratsky; Kowitz, 2017).

De modo a evitar distrações, são proibidos aparelhos eletrônicos (celulares, *tablets*, *laptops*) na sala de *sprint*, sendo permitido checar o celular apenas nos intervalos; em casos em que é preciso usar algum aparelho, deve-se sair da sala. Também é preciso dispor de uma sala que possa permanecer inalterada durante a semana, com quadros-brancos ou paredes que possam ser rabiscadas/desenhadas (Knapp; Zeratsky.; Kowitz, 2017).

4.4.1 Segunda-feira: mapear

O processo se inicia com a definição de um objetivo de longo prazo, que deve ser escrito no topo do quadro-branco. Depois disso, listam-se as perguntas que o *sprint* deve responder. A partir daí, deve-se criar um mapa do processo centrado no usuário, uma espécie de jornada do usuário que indica todos os atores envolvidos no processo em questão e as ações de cada um até o fim do processo.

A tarde da segunda-feira é dedicada ao compartilhamento do conhecimento sobre o tema na forma de uma série de entrevistas individuais com as pessoas que integram a equipe do *sprint*, pessoas da companhia e talvez até duas pessoas de fora com conhecimentos relevantes sobre o tema. À medida que essas entrevistas avançam, deve-se escrever em notas adesivas para no fim do dia combinar todas as anotações do grupo. Essas anotações devem ser feitas na forma de perguntas que começam com "Como poderíamos". Sempre que uma pessoa ouvir algo interessante, deve transformar isso numa pergunta e anotá-la (preferencialmente numa nota adesiva).

No final do dia, todas as notas adesivas com perguntas devem ser afixadas em uma parede – sem nenhum critério de organização. Em seguida, o grupo deve selecioná-las e agrupá-las segundo algum critério. Feito isso, dá-se a cada um dos participantes um número de votos – geralmente etiquetas na forma de bolinhas autoadesivas que devem ser fixadas nas notas adesivas que os participantes julgarem mais úteis. Ao final do processo, haverá um número definido de notas adesivas priorizadas, as quais devem ser transferidas para o local em que o mapa foi desenhado.

4.4.2 **Terça-feira: esboçar**

Terça-feira é o dia dedicado a esboços. Como forma de aquecimento, iniciam-se os trabalhos com cada integrante da equipe fazendo uma apresentação relâmpago de três minutos de uma solução que considera referência (de outros produtos, de áreas diferentes, de dentro da própria empresa). Depois, a manhã é dedicada à tarefa de combinar as ideias capturadas no mapa de segunda-feira com as anotações, considerando-se o principal ponto de abordagem do problema.

A tarde de terça-feira é voltada ao esboço de soluções. A metodologia *sprint* não trabalha com *brainstorming*; portanto, cada integrante deve trabalhar individualmente no esboço de sua solução. O processo é assim:

- **Anotações** (20 minutos) – Os integrantes da equipe caminham pela sala checando todas as informações do quadro-branco e da parede e fazem suas anotações pessoais.
- **Desenho das ideias** (20 minutos) – Cada participante faz o seu, enchendo uma folha de papel de desenhos, títulos, diagramas, esquetes, qualquer coisa que dê forma a seus pensamentos.
- **Variações** (8 minutos) – Cada integrante pega sua ideia mais promissora e rabisca 8 variações dela em 8 minutos.
- **Esboço** (30 minutos) – Os integrantes escolhem sua ideia mais promissora e preparam um *storyboard*[1] de três painéis, exibindo o ponto de vista do cliente ao interagir com o produto ou serviço; o *storyboard* deve ser autoexplicativo e anônimo.

1   *Storyboard* é uma sequência de desenhos quadro a quadro com o esboço das cenas pensadas para um conteúdo.

4.4.3 Quarta-feira: decidir

Os *storyboards* são afixados numa parede. Todos os membros da equipe recebem um punhado de etiquetas de voto e devem então avaliar os *storyboards*, alocando votos nas ideias que acharem mais promissoras (a quantidade de votos fica a cargo de cada um). Finda essa etapa, deve ser feita uma análise de todas as propostas. O facilitador narra o esboço e anuncia os pontos de destaque, e os integrantes manifestam preocupações ou dúvidas; por fim, o criador do esboço se revela e aponta elementos que possam ter passado desapercebidos. Recomenda-se que seja utilizado um cronômetro, dedicando no máximo 5 minutos para cada esboço. Encerrado esse processo, os participantes dão seu voto final para a melhor solução, que deverá ser afixada no *storyboard* correspondente. A manhã termina com a equipe escolhendo qual solução será prototipada.

A tarde de quarta-feira é dedicada à elaboração de um *storyboard* da ideia escolhida. O *storyboard* é formado por 10 a 15 quadros, sendo a esquematização da interação do usuário com o protótipo a ser desenvolvido; essa interação será realizada na sexta-feira.

4.4.4 Quinta-feira: prototipar

É necessário que os participantes sejam muito produtivos na quinta-feira. É importante planejar todas as atividades do dia logo cedo, determinando quem vai fazer o que e em quanto tempo. A ideia é que o protótipo esteja pronto no final do dia. É importante escolher as ferramentas certas: produtos digitais podem ser prototipados nos programas Keynote ou PowerPoint, enquanto produtos físicos talvez demandem uma impressora em 3D ou modificação de um produto já existente; por sua vez, serviços podem demandar um pouco de *role-playing* (interpretação de papéis), sendo necessário então criar um roteiro. O gestor deve alocar o time em funções: quem cuida dos textos, do desenvolvimento, da revisão, da coesão do protótipo.

4.4.5 Sexta-feira: testar

A sexta-feira é dedicada a mostrar o protótipo aos potenciais usuários em sessões individuais. O usuário interage com o produto e vai dando *feedback* em tempo real sobre o que lhe agrada ou não. O ideal é que sejam realizadas cinco entrevistas no dia (uma hora para cada). Idealmente, a entrevista ocorre em uma sala – somente com entrevistador e usuário – e o restante da equipe fica em outra, acompanhado.

O roteiro para cada entrevista é: iniciar com um cumprimento e boas-vindas, fazer perguntas de contextualização, apresentar o protótipo para o entrevistado interagir – caso seja necessário, "dar um empurrãozinho" no que se refere a certas tarefas de interação que se deseja investigar –, registrar os pensamentos e impressões do cliente.

O final do dia é dedicado à consolidação do *sprint*. A equipe deve buscar identificar padrões que surgiram, listando a reação das pessoas e os aspectos positivos, negativos ou neutros da solução proposta. Para o encerramento, devem ser revisados os objetivos de longo prazo e as perguntas do *sprint*, comparando-os com os padrões identificados na entrevista, a fim de decidir os próximos passos.

A principal vantagem do design sprint é sua capacidade de acelerar o processo de inovação e validação de ideias, economizando tempo e recursos. Além disso, ele promove a colaboração entre membros da equipe com diferentes habilidades e perspectivas, o que pode levar a soluções mais completas e bem-sucedidas. Embora o design sprint original tenha uma estrutura de cinco dias, ele pode ser adaptado para atender às necessidades específicas do projeto.

4.5 O refinamento das ideias

Enquanto o *brainstorming*, o *workshop* de cocriação e até mesmo o design sprint são concebidos para serem realizados por um grupo diversificado que inclui pessoas que não fazem parte do time de design thinking, a etapa de avaliação dos conceitos resultantes gera melhores resultados quando desenvolvida pela equipe dedicada ao projeto, uma vez que as pessoas que foram convidadas apenas na etapa de ideação não conhecem o contexto do projeto e provavelmente não dispõem de tempo para aplicar os conceitos em protótipos.

Durante a sessão de ideação, uma enxurrada de ideias é gerada. No entanto, é essencial conduzir uma análise crítica e colaborativa para identificar as ideias mais promissoras. Isso envolve avaliar a viabilidade, o potencial de inovação e a capacidade de atender às necessidades dos usuários. Assim, se há umas duzentas ideias geradas pelo *brainstorming*, elas serão usadas para formular uns doze conceitos, dos quais no máximo três serão prototipados, sendo bem possível que no final apenas um deles seja aplicado (Liedtka; Ogilvie, 2019). Agora é chegada a hora de consolidar as ideias. Conforme

Vianna et al. (2012), uma das maneiras de se fazer isso com base na capacidade de pensamento visual é a descrita a seguir:

1. **Escolher uma superfície para registro** (preferencialmente uma parede ou quadro branco) – Resgatar o problema que deve ser resolvido pelo design thinking e colocá-lo no topo.

2. **Registrar todas as ideias em cartões.**

3. **Espalhar todos os cartões** (no chão ou numa mesa) – Começar um processo de organização simples de modo a evitar redundâncias, colocando ideias semelhantes uma perto da outra. Se houver alguma ideia faltando, ela pode ser acrescentada agora, devendo-sefazer uma lista de possíveis temas que surjam durante o processo.

4. **Escrever chaves temáticas no quadro-branco**, escolhendo de cinco a dez temas (pode ser utilizado um dos temas que apareceram na etapa anterior) – Colar os cartões com ideias na área referente a cada chave (caso se julgue que um cartão deve estar em mais de um tema, pode-se duplicá-lo).

5. **Construir** – Escolher uma chave temática e começar a trabalhar as ideias que lá estão de modo a combiná-las, alterá-las, juntá-las. Inserir mais detalhes, considerando questões como "Que tipo de experiência queremos proporcionar?", "Como isso funcionaria?", "Quais são os custos e os riscos?", "De que modo podemos melhorar a relação entre nós e o usuário?". Proceder dessa forma com todas as chaves temáticas.

6. **Criar um esboço dos resultados gerados para cada chave temática** – Pode ser um *storyboard* ou qualquer tipo de representação visual inteligível.

Nem todas as ideias podem ser implementadas simultaneamente. Portanto, é vital priorizar as ideias com base em critérios estratégicos. Isso ajuda a equipe a concentrar seus recursos e esforços nas soluções mais relevantes e impactantes. Agindo-se assim, é possível extrapolar o trabalho de agrupamento de ideias para um processo mais rigoroso de seleção e análise das mais promissoras. Nesse caso, é interessante construir uma matriz de seleção. O time de design thinking deve proceder da seguinte forma:

1. **Criar um *card* (cartão) que sintetize os resultados de cada um dos esboços gerados na etapa 6 (anterior)** – Colocar os esboços no quadro em sequência; eles vão compor as colunas da matriz.

2. **Criar *cards* que resumam os principais pressupostos ou critérios norteadores do processo de design thinking** (desejo, praticidade, viabilidade financeira etc.) e colocá-los no quadro; eles vão compor as linhas da matriz.

3. **Preencher a matriz** – Ela será composta do casamento de cada ideia com um critério norteador; o que o grupo precisa avaliar aqui é se a ideia atende ou não aos critérios determinados e registrar isso na matriz.

4. **Consolidar** – Findo o processo, o gestor pode criar um placar que avalie o quanto cada ideia atende aos quesitos. Caso seja possível, também pode resgatar as personas criadas, colocando-as no pé de cada coluna quando entender que são atendidas por aquela solução. Agora ele dispõe de uma forma visual de decidir sobre as ideias que evoluirão para a próxima etapa.

O resultado é algo parecido com a figura a seguir.

Figura 4.3 – **Exemplo de matriz de seleção**

Critérios norteadores	Ideia 1	Ideia 2	Ideia 3	Ideia 4	Ideia 05
Critério 1	✓	✗	✓	✓	✗
Critério 2	✓	✗ ✓	✓	✓	✗ ✓
Critério 3	✗	✓	✗	✓	✗
Critério 4	✓	✓	✓	✓	✗
Critério 5	✓	✗ ✓	✓	✓	✓
Total	8,0	4,5	8,0	10,0	2,5
Personas					

Fonte: Elaborado com base em Vianna et al., 2012, p. 112.

PureSolution/Shutterstock

Como lembra Pressman (2019), é mais realista trabalhar uma ideia que se mostre funcional do que perseguir uma ideia que seja perfeita. Não há resposta certa ou solução perfeita para a maioria dos problemas, O que existe são tonalidades de cinza, alternativas com resultados variantes de acordo com as permutas (ou sacrifícios) que são feitas, como trocar conforto por preço menor, qualidade por prazo etc. A solução funcional é aquela que atende de forma satisfatória ao maior número de prioridades do projeto e/ou satisfaz a maioria dos desejos e restrições dos *stakeholders*.

O resultado do processo de ideação geralmente são diferentes esquemas alternativos que atendem às definições do problema. Se uma ideia é rejeitada – seja lá por qual razão –, existe um punhado de outras ideias muito boas a serem aproveitadas.

Concluímos este capítulo com alguns pontos que o time de design thinking deve ter em mente durante todo o processo de ideação:

- **Pequenos passos** – Se a princípio as coisas parecerem demasiadamente complexas ou intimidadoras, o time de design thinking deve partir as coisas em pedaços menores gerenciáveis, trabalhar em partes com esses elementos, num processo de vai e volta. Uma investigação pode trazer soluções para outra parte.
- **Ideias ruins e falhas são essenciais** – Ideias ruins no processo são uma coisa boa, porque geralmente elas acabam ativando ideias excepcionais. Nesse sentido, a ideia ruim deve ser considerada. A empresa de design IDEO tem um mantra: falhe com frequência para ser bem-sucedido logo (Kelley; Littman, 2001).
- **Ver as restrições como oportunidades** – Com um punhado de criatividade, problemas podem ser transformados em ativos valiosos. Deve-se manter a mente aberta para novas possibilidades. Restrições são ótimas porque forçam a busca por caminhos não convencionais para a solução.
- **Aprender com a falha** – Nem todas as ideias serão bem-sucedidas, e isso é esperado no processo de inovação. É fundamental abraçar a falha como uma oportunidade de aprendizado e ajuste. O *feedback* negativo ou os resultados inesperados podem direcionar a equipe no caminho certo, revelando áreas que precisam ser melhoradas.
- **Sonhar alto** – É importante estar sempre em busca de oportunidades de transcender a solução prática do problema. Dito de outra forma, deve-se honrar o problema, mas também buscar

criar algo que vá além da solução imediata do problema, talvez algo com que os *stakeholders* nunca tenham sonhado. É preciso perseguir o maior potencial dentro das restrições, buscando principalmente ativar uma resposta emocional.

- **Flexibilidade e agilidade** – O design thinking é uma abordagem flexível que valoriza a iteração e a adaptação. Conforme novas informações e *insights* são obtidos durante a prototipagem e os testes com usuários, a equipe se mostrar disposta a fazer ajustes e refinamentos no projeto.

- **Prototipagem como próximo passo** – A transição natural após a ideação é a prototipagem. A seleção das ideias mais promissoras leva à criação de protótipos de baixa ou alta fidelidade. Esses protótipos servirão como ferramentas para testar as soluções com os usuários e refiná-las ainda mais.

- **Celebração das conquistas** – Concluir a etapa de ideação é um marco significativo na jornada do design thinking. É um momento para celebrar as ideias geradas, a criatividade da equipe e o progresso feito até agora. O reconhecimento do trabalho árduo e da colaboração pode energizar a equipe para a fase de prototipagem e teste que se segue.

Ao concluir essa fase, é importante lembrar que as ideias são apenas o começo. O verdadeiro valor está na capacidade de transformá-las em soluções concretas e centradas no usuário. Com uma abordagem estratégica e flexível, as equipes podem continuar a dança criativa do design thinking, levando suas ideias do conceito à realidade de forma eficaz e impactante.

SÍNTESE

Neste capítulo, tratamos da terceira etapa do processo de design thinking, a ideação. Nela, a equipe de design busca criar um grande volume de ideias e soluções para o problema proposto, prosseguindo com a filtragem, a seleção e a complementação daquelas que são mais promissoras. Após esse processo de "triagem", devem ser selecionadas as ideias mais promissoras para serem prototipadas e testadas na próxima etapa.

Vimos que a criatividade não é um dom inato, mas uma habilidade que pode ser cultivada e exercitada, sendo que uma das principais características dos profissionais criativos é ter a capacidade de separar os momentos de criar e de julgar as ideias. Uma das ferramentas mais utilizadas para a geração de ideias é o *brainstorming*, processo que em sua essência organiza a "bagunça" criativa, dando espaço para a proposição de diferentes ideias num ambiente livre, as quais só depois, sistematicamente, serão analisadas. Nem todas as pessoas conseguem pensar de forma abstrata; para algumas é mais fácil ter ideias "colocando a mão na massa". Assim, o *workshop* de cocriação combina os benefícios do *brainstorming* com a prototipagem das soluções. O design sprint, por sua vez, é uma metodologia desenvolvida para resolver problemas complexos, gerando soluções inovadoras num curto espaço de tempo (geralmente uma semana), sendo muito utilizado pelo Google.

Findo o processo de ideação, obtém-se um grande volume de soluções, então é necessário conduzir uma análise crítica e colaborativa de modo a identificar as ideias mais promissoras, considerando sua viabilidade, seu potencial de inovação e o atendimento às necessidades dos usuários. A matriz de seleção é uma ferramenta que permite visualizar com facilidade as soluções mais relevantes e impactantes, as quais serão prototipadas e testadas na próxima etapa.

QUESTÕES PARA REVISÃO

1. Explique com suas palavras o que é a etapa de ideação do processo de design thinking.

2. No processo de design sprint, como é estruturada a semana? Descreva as principais atividades de cada dia.

3. No design thinking, o *brainstorming* é uma etapa crucial para a geração de soluções criativas. Considere as afirmações a seguir.

   I. O *brainstorming* envolve a seleção criteriosa de ideias desde o início, priorizando a qualidade sobre a quantidade.

   II. Durante uma sessão de *brainstorming*, é importante estimular o pensamento crítico e julgar as ideias à medida que elas são propostas.

   III. O objetivo principal do *brainstorming* é gerar uma grande quantidade de ideias, sem censura inicial, para explorar diferentes abordagens e perspectivas.

   IV. No *brainstorming*, a colaboração em equipe é essencial, e todas as vozes devem ser ouvidas, independentemente do cargo ou da experiência dos membros da equipe.

É correto apenas o que se afirma em:

a. I e III.
b. II e IV.
c. III e IV.
d. I e II.
e. I, II e IV.

4. Levando em consideração a condução de um *workshop* de cocriação, avalie as afirmações a seguir e indique se são verdadeiras (V) ou falsas (F).

( ) Os *workshops* de cocriação geralmente excluem a participação de usuários finais, pois estes podem complicar o processo.

( ) O objetivo principal de um *workshop* de cocriação é reunir diversas perspectivas, incluindo as dos usuários finais, para gerar soluções centradas no ser humano.

( ) Durante um *workshop* de cocriação, as ideias e as soluções são apresentadas exclusivamente pelos facilitadores, sem a contribuição dos participantes.

( ) A empatia com os usuários e uma compreensão profunda de suas necessidades são aspectos essenciais a serem considerados durante um *workshop* de cocriação.

Agora, assinale a alternativa que corresponde à sequência correta:

a. V, F, V, V.
b. V, V, F, V.
c. F, F, V, V.
d. F, V, F, V.
e. F, F, F, V.

5. Durante a etapa de ideação em design thinking, o processo de refinamento de uma proposta criativa envolve a avaliação de diferentes ideias com base em critérios específicos. Um dos critérios-chave é a _____, que se concentra na capacidade de implementação da ideia. Além disso, a proposta criativa também deve ser avaliada quanto à sua capacidade de resolver efetivamente o _____ do usuário, garantindo-se que seja uma solução verdadeiramente valiosa.

Assinale a alternativa que preenche corretamente as lacunas da frase:

a. originalidade – problema.
b. complexidade – cenário.
c. empatia – desafio.
d. simplicidade – obstáculo.
e. viabilidade – problema.

QUESTÕES PARA REFLEXÃO

1. Imagine que você está liderando um projeto de design thinking para criar uma solução inovadora para um problema social complexo. Durante a fase de ideação, sua equipe gera várias ideias promissoras. No entanto, há uma ideia que se destaca, mas que é radical e potencialmente controversa. Como você abordaria essa situação? Quais seriam os prós e os contras de seguir adiante com uma ideia radical? Como você equilibraria a inovação com a aceitação social e a viabilidade prática?

2. No design thinking, a ideação não é apenas uma ferramenta para solucionar problemas de design, podendo ser utilizada na vida pessoal também. Como você poderia utilizar os princípios de ideação, como pensamento divergente, empatia e colaboração, para enfrentar desafios particulares ou alcançar objetivos pessoais? Pense em uma situação específica em sua vida em que a aplicação do design thinking poderia ser útil. Quais seriam os benefícios de aplicar essa abordagem criativa em sua vida pessoal?

Monster Ztudio/Shutterstock

CAPÍTULO 5

A PROTOTIPAGEM PARA TESTAR IDEIAS

Conteúdos do capítulo:

- Etapa IV: prototipagem.
- Tipos de protótipo.
- *Storyboard* e *storytelling*.
- Entrevistas e observação.
- Testes com o usuário – identificação de oportunidades.

Após o estudo deste capítulo, você será capaz de:

1. compreender o que é prototipagem;
2. entender os diferentes tipos de protótipos possíveis;
3. aplicar o *storyboard* e o *storytelling* na prototipagem;
4. conduzir entrevistas e observações do usuário;
5. elaborar e analisar testes com os usuários.

Chegamos à etapa de prototipagem, ocasião em que, tendo sido selecionadas as ideias consideradas como as mais promissoras, o objetivo é identificar formas de elas serem materializadas para que possam ser testadas com o público-alvo. A prototipagem é um processo cíclico em que se aprende com o *feedback* do usuário, realizando ajustes e testes novamente, de modo a ir aprimorando a solução a cada iteração.

O design thinking como ferramenta para a geração de soluções não se limita à proposição de produtos físicos, podendo ser aplicado a processos, serviços e até mesmo conceitos. Embora a concepção de um protótipo de um produto físico seja algo que pode ser compreendido intuitivamente, a elaboração de protótipos para processos e serviços e outras soluções com uma dose maior de abstração demanda que sejam encontrados modos de materializá-los para proceder à testagem, momento em que o *storyboard*, o *storytelling* e até mesmo um pouco de atuação (*role-playing*) podem ser úteis. Abordaremos todas essas temáticas neste capítulo. Veremos também como é possível racionalizar a organização de testes com o usuário a fim de maximizar os *insights* gerados e os *feedbacks* obtidos.

5.1 Etapa IV: prototipagem

No processo de design thinking, trabalha-se a empatia com o usuário, define-se o problema ou desafio em questão e usa-se a ideação como forma de gerar um grande volume de soluções, das quais são selecionadas as mais promissoras. Contudo, o processo não termina quando a solução do problema é gerada. Qualquer ideia ou conceito deve ser testado e revisado de modo a poder ser aperfeiçoado e desenvolvido. Como explicam Ambrose e Harris (2011), o design é resultante de um processo mental que é alimentado por diferentes elementos culturais, políticos e fatuais; assim, os designers precisam testar diferentes métodos e técnicas de forma a desenvolver uma ideia.

A prototipagem é um momento crucial e emocionante no processo de resolução de problemas centrados no ser humano. Ela representa a transição do mundo das ideias para o mundo tangível, em que conceitos abstratos se transformam em soluções concretas e testáveis. Como definem Vianna et al. (2012), a prototipagem tem como principal função auxiliar a validação das ideias geradas e, apesar de ser entendida como uma das últimas etapas do processo de design thinking, ela pode ocorrer ao longo de todo o projeto, em paralelo com a empatia e a ideação, se a equipe assim desejar. A prototipagem envolve a criação de representações físicas ou digitais de uma solução em potencial. Esses protótipos podem variar amplamente em complexidade, incluindo desde esboços rudimentares em papel até modelos detalhados e funcionais. A escolha do tipo de protótipo depende dos objetivos e recursos disponíveis para a equipe de design.

A criação de protótipos está intimamente ligada ao modo de pensar do designer, uma vez que entendemos que o papel do designer não é apenas conceber soluções, mas também implementá-las e materializá-las. Aliás, essa abordagem não é específica do campo do design, ocorrendo com frequência também no campo das artes. Artistas e designers são constantemente desafiados com a tarefa de materializarem suas criações.

Como exemplo, destacamos a história do cavalo de Leonardo da Vinci. Enquanto estava empregado na corte do Ludovico Sforza, duque de Milão, Da Vinci recebeu a encomenda de uma estátua equestre em honra ao pai do duque. A grande riqueza da cidade encorajava a execução de projetos grandiosos e, assim, o duque queria que o monumento fosse grandíssimo, tendo um tamanho quatro vezes maior do que o de um cavalo real. Os desafios sem precedentes do projeto fascinaram Leonardo, que aceitou a encomenda. Para esse trabalho, Leonardo propunha fazer uma peça única de bronze que pesaria em torno de 80 toneladas e teria 7 metros de altura. Esse era um projeto de dimensões colossais para a época, e a ideia era que a estátua fosse a representação de um cavalo empinando sobre um inimigo subjugado (Capra, 2008).

Leonardo era totalmente capaz de conceber a imagem do cavalo nessa posição; existem, aliás, esboços e desenhos do artista sobre o tema. No entanto, ao se debruçar sobre as dificuldades técnicas do projeto, constatou que seria impossível criar uma estátua que se mantivesse apenas nas patas traseiras, sendo forçado a rever seus esboços originais quanto à pose do cavalo, chegando a uma versão final com o cavalo com três patas no chão e apenas uma levantada. Leonardo dedicou quatro anos de sua vida a estudos preparatórios, visitando estábulos e compondo análises de anatomia equina. Depois disso, concentrou-se em construir um modelo em argila em tamanho natural da escultura, seu protótipo (Capra, 2008).

Para fundir a peça, Leonardo teria de cavar um enorme poço para enterrar o molde de cabeça para baixo, a fim de que o bronze fundido pudesse escorrer. Leonardo também projetou a estrutura de madeira que usaria para transportar a estátua e o maquinário necessário para manobrá-la. No começo de 1489, estava tudo pronto para iniciar a fundição. Porém, em razão do acirramento das relações políticas com a França, Ludovico decidiu usar as 80 toneladas de bronze para fundir canhões. Em 1499, a França invadiu a cidade de Milão, destruindo o protótipo de barro da estátua (Capra, 2008).

O ponto mais importante dessa história é que o projeto de Da Vinci, de fato, versava tanto sobre sua ideia como sobre sua realização. O desafio não era somente conceber a estátua, mas levar a cabo sua produção. Embora Leonardo não tenha conseguido realizar seu projeto em vida, os extensos e detalhados registros que deixou tornaram possível que, séculos depois, em 1999, seu projeto fosse executado e finalizado (Figura 5.1). É por isso que se criam protótipos. O protótipo é a "tangibilização" de uma ideia, a passagem do abstrato para o físico de forma a representar a realidade – mesmo que simplificada –, permitindo realizar validações.

Figura 5.1 – **O cavalo de Da Vinci executado 500 anos depois de sua concepção**

Como lembram Vianna et al. (2012), da ótica da equipe do projeto, quando se dá forma a uma ideia, a equipe é obrigada a elaborá-la com mais detalhes, o que aumenta o nível de fidelidade da solução no decorrer do processo. Da perspectiva do usuário, o protótipo possibilita a interação com o modelo criado, permitindo uma avaliação mais real que fornece insumos para a evolução e o aperfeiçoamento do protótipo.

É fato que o processo criativo muitas vezes se manifesta por meio da variação, mudança ou fusão de elementos de um modelo, que podem ser palavras, partes, pedaços, colunas numa tabela ou *pixels*. A criação de um protótipo permite que a equipe de design thinking seja curiosa e, de certo modo, experimente "até onde dá para ir". Além disso, a existência de um protótipo facilita a "conversa" entre o time de design e os demais membros do projeto. Assim, é importante que o time de desing tire da cabeça a ideia de que o protótipo precisa ser perfeito, pois as primeiras versões serão rascunhos que provavelmente terão de ser melhorados.

Para Pressman (2019), o protótipo permite que as melhores ideias das sessões de *brainstorming* sejam elevadas a um nível mais alto de resolução e detalhes. Convém lembrar que um protótipo não é necessariamente um objeto, podendo ser qualquer tipo de solução "entregável", como uma estratégia, uma história, uma experiência ou um modelo de negócio. Ao apresentarem um protótipo, os designers podem coletar informações valiosas de *stakeholders*, usuários finais e outras partes interessadas. Essas informações possibilitam realizar refinamentos contínuos e melhorias na solução, tornando-a mais alinhada às necessidades e expectativas reais dos usuários.

Outro aspecto importante da prototipagem é a redução de riscos. Ao testar uma solução em um estágio inicial, é possível identificar problemas e desafios potenciais antes de investir recursos significativos na implementação completa. Isso economiza tempo e recursos, pois permite que a equipe faça ajustes e iterações rapidamente, antes que seja tarde demais. Protótipos reduzem as incertezas do projeto, sendo uma forma ágil de abandonar alternativas que não são bem recebidas; assim, ajudam na identificação de uma solução final mais assertiva.

5.2 Tipos de protótipos

As formas de prototipagem são várias e podem ir desde modelos simples em papel até o emprego de recursos sofisticados, como impressoras 3D. Fazer um protótipo é uma atividade que exige colaboração, comunicação ativa e "mão na massa". Com base no protótipo inicial, outros modelos e funções aprimoradas podem ser desenvolvidos até que o produto esteja concluído (Silva; Stati, 2022).

O design thinking em particular faz extenso uso de prototipagem. A partir da definição de um problema e da busca por soluções, constitui-se uma proposta que começa a tomar forma, e é chegado o momento de analisar os erros e acertos dessa proposta. Nessa etapa do processo, o trabalho é eminentemente operacional, uma vez que se está saindo do campo das ideias para alcançar sua materialização.

O que se busca é produzir uma versão inicial, reduzida e de baixo custo da solução, com o objetivo de identificar problemas de design referentes à usabilidade e à adequação.

A prática da prototipagem envolve pensar no melhor método experimental para produzir um objeto que seja observável. Como propõem Uebernickel et al. (2020), o time de design thinking deve ter em mente três considerações:

1. **Ser rápido** – É preciso tentar construir o protótipo o mais cedo possível nos estágios do projeto de design thinking. Protótipos não devem demandar grandes quantidades de tempo e dinheiro.

2. **Estar aberto** – Mesmo quando se está certo de que se encontrou a resposta final com ideias e protótipos, é importante permanecer aberto a mudanças, bem como a ideias totalmente novas.

3. **Bom o suficiente** – É necessário ajustar o protótipo gerado em cada iteração para que ele seja apenas bom o suficiente, e não perfeito.

Existem os mais variados tipos de protótipos possíveis, e sua principal função é ser o início da materialização de uma ideia – e não seu final. Assim, se o time de design thinking nunca trabalhou com prototipagem antes, o ideal é que comece com os tipos mais simples que fazem uso de papéis e caneta, contando sempre com a participação de pessoas que possam representar o usuário do produto/serviço. Conforme adquire experiência, o time pode partir para execuções mais tecnológicas, usando, por exemplo, impressoras 3D e *softwares* específicos.

No campo do design existem algumas modalidades clássicas de protótipo (Ambrose; Harris, 2011):

- **Esboço** – Geralmente produzido por um designer, permite a manifestação básica do visual de uma ideia e do posicionamento dos diferentes elementos do design. É uma forma rápida e barata de resolver questões específicas de design.
- **Modelo** – Trata-se de uma réplica do design que permite que as pessoas vejam o produto em três dimensões. O modelo pode variar em graus de funcionalidade, indo desde uma simples réplica do formato final até uma que tenha componentes funcionais. Ele serve para testar os aspectos visuais e funcionais.
- **Maquete** – É uma réplica tridimensional em escala de um design que permite às pessoas ter uma visão total da relação entre a localização e seus componentes. A maquete traz o desenho à vida e geralmente é usada na arquitetura para dar uma ideia de como um prédio vai ficar no contexto de sua locação.
- **Boneco ou "mocape"** – É um modelo em tamanho real de uma publicação, produzido de acordo com os papéis e materiais especificados. Serve para testar se os materiais funcionam bem juntos, dando uma indicação dos elementos táteis do produto físico.

Em design thinking, é comum trabalhar com técnicas de prototipagem de baixa fidelidade, em especial as de papel. Nesse caso, são empregados materiais simples, como cartões, notas adesivas, papel e caneta. Os protótipos de baixa fidelidade geralmente são os mais utilizados, em especial os protótipos desenvolvidos em papel, por serem construídos de modo rápido, barato e colaborativo (Silva; Stati, 2022). O resultado é algo parecido com a ilustração a seguir.

Figura 5.2 – **Exemplo de protótipo de baixa fidelidade**

As ferramentas digitais trouxeram dinamismo e facilidade ao processo de criação de protótipos. Seja na elaboração de uma apresentação em PowerPoint, seja na gravação e na edição de um vídeo, seja na utilização de aplicativos de simulação, há uma ampla gama de ferramentas que podem ajudar o designer a materializar ideias.

Wireframes (modelos estruturais) podem ser utilizados para representar imagens e elementos operacionais ou mesmo botões, que posteriormente serão usados em um *site* ou *display*. Os elementos operacionais e botões são representados apenas em desenhos esquemáticos como forma de mostrar a posição e o tamanho dos símbolos ou do texto.

Caso a empresa trabalhe com serviços, uma alternativa para o protótipo pode ser a elaboração de um diagrama, que nada mais é que a esquematização de ideias por meio de elementos gráficos. O fluxograma, por exemplo, é um dos tipos de diagrama mais conhecidos.

Como o fluxograma tem uma nomenclatura-padrão para indicar usos, campos de decisão, início e fim, ele é particularmente útil para explicar processos. Por exemplo, no caso de um aplicativo de compras, o fluxograma mostraria as etapas de busca, escolha, análise, seleção de quantidade, formas de pagamento, compra e geração de código de rastreio, caracterizando a navegação do usuário.

Também é possível juntar modelos de papel com fluxograma. Assim, por exemplo, no caso do protótipo de um aplicativo, podem ser adicionados modelos em papel ao fluxograma, elaborando-se as telas que mostram a sequência de ação dos usuários com representações simples e objetivas de todos os elementos gráficos que aparecem no dispositivo, como ilustrado na figura a seguir.

Figura 5.3 – **Exemplo de protótipo para um aplicativo**

Grande parte dos programas que permitem trabalhar com *wireframes* possibilita a criação de elementos clicáveis que levam a páginas ou funções adicionais. Nesse caso, o designer deve tornar clicável apenas o que ele deseja testar. O Figma (2023) é uma ferramenta de prototipagem amplamente empregada que tem versões gratuitas. Os tipos de protótipo mais utilizados em design thinking são os seguintes:

- **Protótipos de papel** – São esboços ou desenhos feitos à mão em papel. Eles são rápidos de criar e econômicos e são ideais para testar fluxos de interação e interfaces de usuário.

- **Protótipos de baixa fidelidade** – São protótipos simples e básicos que não se assemelham muito à versão final do produto ou serviço. Eles podem incluir modelos de papelão, peças de Lego, notas adesivas ou até mesmo desenhos simples.

- **Protótipos de alta fidelidade** – São mais detalhados e aproximam-se mais, em relação à aparência e à funcionalidade, da versão final. Podem ser criados usando-se *softwares* de design gráfico, ferramentas de prototipagem interativa ou até mesmo prototipagem rápida (impressão em 3D, por exemplo).

- **Protótipos de *software*** – São protótipos digitais que simulam a funcionalidade de um aplicativo ou *site*. Eles podem ser interativos e usados para testar a usabilidade e a experiência do usuário.

- **Protótipos de serviço** – São utilizados para representar a experiência do cliente ao interagir com um serviço. Isso pode envolver simulações de interações com funcionários, cenários de atendimento ao cliente, entre outros.

- **Protótipos de conceito** – São protótipos que visam comunicar a ideia geral ou o conceito por trás de um projeto. Eles podem não se concentrar tanto na funcionalidade detalhada, e sim na narrativa e na visão geral.
- **Protótipos digitais** – Podem ser protótipos de *sites*, aplicativos ou qualquer interface digital. Ferramentas como Adobe XD (2024), Sketch (2024) e Figma são frequentemente usadas para criar esses tipos de protótipos.

5.3 *Storyboard* e *storytelling*

A prototipagem é uma atividade que pode ser empregada em qualquer etapa do design thinking. O princípio norteador é que os primeiros protótipos que forem criados devem ser de baixa resolução, deixando-se os protótipos de alta resolução para etapas posteriores do projeto. Um protótipo de baixa resolução permite a manifestação dos princípios fundamentais e das principais funções do produto ou serviço, de modo a serem eficazmente testados por membros externos ao projeto. Rápidos e baratos de serem criados, os protótipos de baixa resolução possibilitam que os aspectos rudimentares de uma ideia sejam testados com os usuários, proporcionando a rápida identificação de falhas e erros conceituais. A resolução de um protótipo aumenta conforme se investe tempo nele.

Trabalhar com protótipos não faz parte apenas do processo de design thinking, sendo também um dos pilares da gestão enxuta, que busca desenvolver o MVP – *minimum viable product*, ou seja, a versão minimamente funcional do produto ou serviço e capaz de oferecer um *feedback* mensurável do cliente sobre um novo recurso ou característica do produto (Ries, 2019).

Como o design thinking pode ser aplicado aos mais diferentes tipos de problemas, uma das formas mais eficazes de materializar um protótipo é por meio do *storytelling*. Por meio dessa técnica, busca-se criar uma narrativa vívida que demonstra a utilidade e a praticidade da ideia, contando uma história real ou fictícia. A narração da história pode ser usada como teste do protótipo para explicar graficamente uma ideia aos clientes e pedir o *feedback* deles.

Como geralmente é difícil entender uma nova ideia, tanto para produtos quanto para serviços ou modelos de negócios que ainda não existem, contar uma história é um método apropriado de testar esses casos (Muller-Roterberg, 2020). É importante que a equipe de design thinking tenha clareza de que não está sendo elaborada uma história de venda – o objetivo é avaliar uma ideia com a ajuda do *feedback* do cliente e receber orientações de como pode aprimorá-la.

O ideal é comunicar abertamente os objetivos pretendidos com a história. Assim, é preciso descrever com palavras simples a mensagem central da história de modo a permitir que o cliente se relacione com a situação de uso do produto e entenda os benefícios da ideia. Devem ser considerados os seguintes pontos: Quem é o usuário a quem a mensagem se destina? Que tipo de *feedback* se deseja obter? Que emoções devem ser despertadas no cliente? Deve-se usar um cliente ou usuário típico como personagem da história e dar um nome a ele. A situação, a hora e o local da história têm muita influência na trama e devem ser descritos. Caso tenham sido elaboradas, esse é um bom momento para resgatar as personas.

De modo geral, o roteiro da história deve ser assim:

- Apresentar o protagonista, o local e situação da história.
- Descrever o problema, a deficiência ou o desafio a partir da perspectiva do protagonista.
- A solução desse problema consiste em alternativas entre as quais o cliente deve escolher (elas devem ser descritas brevemente, bem como desvantagens ou lacunas).
- A situação deve mudar para melhor com a inserção da ideia, que deve ser descrita de modo a torná-la acessível e tangível.
- A história termina com um final feliz – uma solução positiva em que se aplica a ideia, dando destaque às vantagens diferenciadas.
- A ideia é o herói da história, que resolve o problema do cliente, soluciona uma deficiência ou ajuda a dominar os desafios do cliente.

Por meio do *storytelling*, há uma melhor comunicação com o cliente. Além disso, existe um benefício adicional: ao descrever a ideia na forma de uma narrativa com uma linguagem simples e clara, o cliente tem um melhor entendimento dessa ideia. Depois de contar a história, é o momento de pedir o *feedback*. O time de design thinking deve considerar perguntar: se o usuário se identifica com a história e, se sim, em que sentido; o que o usuário adicionaria ou excluiria da história; se o usuário gostou da história e por qual razão; se o usuário gostaria de utilizar o produto/serviço; o que o usuário espera da ideia; o que a ideia fez o usuário perceber.

O método de visualização dessas histórias mais comumente usado é o *storyboard*. Grande parte das vezes, o problema que a empresa está tentando solucionar não demanda a criação de um produto, *software* ou espaço físico, mas de um serviço, modelo de negócio ou processo. Nesses casos, é possível usar a técnica do *storyboard* como protótipo da solução. Ele é uma representação visual de uma história por meio de quadros estáticos compostos por desenhos, colagens, fotografias etc. (Vianna et al., 2012). Não se preocupando em demasia com a correção ou a qualidade do desenho, o importante é que ele seja inteligível, como indicado na figura a seguir.

Figura 5.4 – **Exemplo de *storyboard***

Tutatamafilm/Shutterstock

É recomendável utilizar o *storyboard* quando é necessário comunicar uma ideia para terceiros ou visualizar o encadeamento de uma solução. Ele demanda que a empresa tenha uma definição do que quer comunicar e testar. Com base nisso, o time de design thinking elabora um roteiro por escrito e, em seguida, cria uma história levando em conta cenários, atores e enquadramento que serão usados para representar o que a empresa deseja. Por fim, o *storyboard* é materializado graficamente, podendo ser no formato impresso ou digital.

O *storyboard* é a representação do protagonista, da situação, dos problemas encontrados e das abordagens adotadas para superar esses problemas. Ele deve ter no máximo dez cenas. Cada cena específica é estruturada na forma de um quadro que deve conter os elementos básicos: ambiente, personagens, balões de fala e pensamento e itens relevantes para a cena. Não é preciso ter um grande talento artístico para a elaboração de um *storyboard*, podendo-se utilizar até mesmo desenhos de pauzinhos ou símbolos simples. De forma alternativa, é possível usar imagens de bancos de imagem ou até mesmo produzi-las usando um celular e registrando o time de designers na situação proposta.

A apresentação do *storyboard* pode ser feita de duas formas. Classicamente, a narrativa é realizada ao mesmo tempo que são apresentados os quadros. Alternativamente, é possível apresentá-lo na forma de um vídeo, o que torna a ideia mais intensa. Existem diversas soluções *on-line* possíveis. Pode ser feito um *animatic*, que consiste na filmagem dos quadros do *storyboard*, sua animação e edição, acrescidos de efeitos sonoros básicos. Há também vários bancos de imagens com trechos de filmes que podem ser utilizados na composição. Existem ainda *sites* que permitem a criação de animações rudimentares que podem fazer as vezes do *storyboard*.

Outra possibilidade de prototipagem é a encenação, que nada mais é do que uma simulação improvisada representando a interação de uma pessoa, seja com uma máquina, seja com outra pessoa, de modo que ela vivencie os aspectos de um serviço. A encenação é ideal quando se deseja testar a interação, entender suas etapas e detalhar melhor a experiência. Idealmente, seleciona-se um pequeno grupo de pessoas para participar da encenação. O importante é que haja um diálogo e que cada participante possa improvisar e agir da maneira mais natural possível. Cada um dos "atores" envolvidos recebe um papel – o atendente de um *call center* registrando uma reclamação, por exemplo. Podem ser utilizados objetos como forma de delimitar a experiência ou para compor o cenário. O principal objetivo é permitir que os membros da audiência ou aqueles que participam da cena no papel do usuário possam ter a percepção mais realística possível da situação.

5.4 A validação na identificação de oportunidades

Uma vez que a construção do protótipo tenha sido finalizada, é hora do "teste de fogo", ou seja, a validação do protótipo pelo usuário para que a empresa receba *feedback* e possa então concluir o ciclo ou reiniciá-lo. Cabe lembrar que o objetivo é obter a validação dos potenciais usuários o mais cedo possível, de modo que se possa aprender e adaptar as ideias e conceitos à realidade observada.

De acordo com Pressman (2019), a busca de validação serve para refinar as ideias, eliminar pontos críticos ou até obter novas ideias. Receber críticas é parte do processo de aprendizagem e melhoria contínua do projeto. Estar aberto a receber críticas e saber dialogar são duas competências essenciais para se alcançar o melhor resultado.

O objetivo final é ser pragmático e incorporar o *feedback* obtido no protótipo/projeto; essas mudanças e ajustes tornam o projeto mais sensível e responsivo a pontos essenciais que possam não ter sido considerados e que merecem uma atenção adicional.

Lewrick, Link e Leifer (2019) defendem que qualquer tipo de teste com usuários no mundo real sempre vai gerar informação valiosa. O objetivo primordial com os testes é aprender; essa é uma das razões para elaborar histórias, e não explicações. A ideia envolve capturar a reação das pessoas. É bem comum que as mudanças propostas durante essa fase de testes melhorem substancialmente o resultado final.

É por conta da testagem dos protótipos que a empresa otimiza os custos, uma vez que são realizadas as correções antes de o produto ou serviço entrar em produção. Os testes também permitem corrigir a rota, se necessário. Eles podem até mesmo ajudar a medir a capacidade da empresa de realizar a entrega da solução proposta (Silva; Stati, 2022).

Ao iniciar a etapa de prototipagem, o ideal é que o time de design thinking se pergunte qual é a forma mais fácil de se executar um teste para a ideia, pensando no que se deseja descobrir, considerando quais respostas ou reações do cliente vão permitir que o protótipo passe no teste. Por fim, deve-se buscar estabelecer como é possível obter essas informações do modo mais rápido e fácil. O time de design thinking também deve estabeler um cronograma e um orçamento para o protótipo.

A melhor forma de começar a preparar o teste é **definir os objetivos de aprendizagem** ou a hipótese que se deseja testar. O time de design deve fazer perguntas como: O que desejamos aprender?

O que queremos testar? Com quem desejamos fazer este teste? Os integrantes devem ter em mente que o objetivo do teste é mostrar quais partes da ideia a empresa quer manter e quais quer mudar ou descartar.

Na sequência, o ideal é **preparar um roteiro de questões**. Uma boa sugestão é formular perguntas abertas, que sejam simples e claras. Elas podem ser exploradas em maior profundidade, caso seja necessário, no momento do teste. As perguntas feitas devem estar atreladas à situação do teste. A seguir, apresentamos um roteiro curto que pode ser utilizado, com foco no que é fundamental para proporcionar *insights*:

- **Determinar o cenário do teste** – Detalhar a sequência exata do teste e a situação do usuário fazendo o teste. O principal objetivo é permitir a experiência do protótipo, evitando explicar ideias e fazer considerações sobre o protótipo.
- **Determinar os papéis dos membros do time** – O moderador será o responsável por conduzir o usuário pelo teste, explicando e fornecendo contexto, sendo responsável também pela entrevista com o usuário no final. Quando se testa uma experiência/serviço, é provável que membros do time tenham de desempenhar o papel de atores. Finalmente, é necessário estabelecer quem serão os observadores, responsáveis por acompanhar atentamente o teste e registrar o máximo possível de informações sobre a interação do usuário. Caso só uma pessoa possa executar esse papel, é imperativo que o teste seja gravado.

Na hora de **conduzir o teste**, os designers preferem ter um contexto o mais próximo possível do ambiente natural de uso do produto/serviço. Especialmente quando o usuário não estiver utilizando o protótipo de forma correta, é fundamental resistir à tentação de corrigi-lo imediatamente.

É muito importante que sejam documentados os resultados, principalmente porque eles permitirão aferir como os usuários interagiram. Embora a documentação ideal seja a gravação em vídeos, podem ser utilizadas fotos – sempre realizadas com o consentimento do usuário. Na hora de registrar as informações acerca do teste, uma matriz de captura de *feedback* pode ser muito útil. Pode-se utilizar um cartão de anotação como o mostrado na figura a seguir.

Figura 5.5 – **Matriz de captura de *feedback***

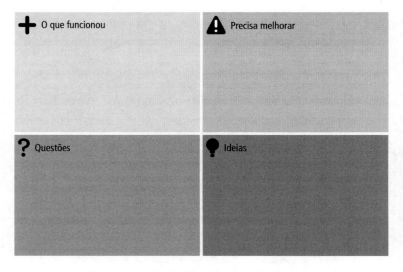

A matriz de captura de *feedback* é uma ferramenta valiosa para coletar, organizar e analisar *feedbacks* de diversas fontes, como entrevistas com usuários, testes de protótipos e outras atividades de pesquisa. Conforme o time de design thinking coleta *feedback* de várias fontes, vai fazendo o registro na matriz na categoria correspondente. Isso pode ser feito com o uso de anotações, transcrições ou inserindo resumos do *feedback* diretamente na matriz. Depois de coletar o *feedback*, ele deve ser classificado em categorias relevantes, e os principais pontos destacados pelos usuários devem ser identificados. É essencial que se priorizem os problemas ou sugestões com base na gravidade e na frequência com que eles aparecem. A matriz de captura de *feedback* é uma ferramenta dinâmica que deve ser usada de maneira contínua no decorrer do processo de design, permitindo a adaptação às mudanças e às novas informações à medida que surgem.

5.5 Entrevistas e observação

Apesar de parecer que desperdiçar tempo valioso em esboços, modelos e simulações atrasará o trabalho, a prototipagem gera resultados com mais rapidez (Brown, 2010). A maioria dos problemas são complexos, e fazer uma série de experimentos iniciais costuma ser a melhor forma de se decidir entre vários direcionamentos possíveis. Quanto mais rapidamente as ideias se tornam tangíveis, mais cedo elas podem ser avaliadas e lapidadas, o que promove a definição da melhor solução.

O design thinking tem uma abordagem mais humanista e, dessa maneira, propõe a busca por resultados qualitativos. Dito de outro modo, na testagem do protótipo, até se pode considerar a realização de experimentos laboratoriais em que se tem controle sobre grande parte das variáveis, contudo, em grande parte dos problemas de design thinking, as soluções são testadas como uma abordagem mais qualitativa: a **entrevista**.

A modalidade de entrevista preferida dos designers é a chamada *entrevista em profundidade*. Entre as principais qualidades dessa abordagem está a flexibilidade de permitir que o entrevistado defina os termos de suas respostas e que o entrevistador ajuste livremente as perguntas. Esse tipo de entrevista procura intensidade nas respostas, e não quantificação ou representação estatística. A busca é por recolher respostas a partir da experiência subjetiva de uma fonte, selecionada por deter informações que se deseja conhecer (Duarte, 2010). Os dados não são apenas colhidos – eles resultam da interpretação e reconstrução do pesquisador e de um diálogo inteligente e crítico com a realidade.

Na entrevista em profundidade, busca-se compreender como dada variável é percebida pelo entrevistado; os objetivos estão mais relacionados à aprendizagem por meio da identificação da riqueza da diversidade, da integração das informações e da síntese das descobertas.

As entrevistas em profundidade geralmente são individuais, embora seja possível entrevistar duas fontes em conjunto. A estrutura mais comumente utilizada é a entrevista em profundidade aberta ou semiaberta. No formato aberto não há uma sequência predeterminada de questões ou parâmetros de respostas. Ela tem como ponto de partida um tema ou questão ampla e flui livremente, sendo aprofundada em determinados momentos de acordo com aspectos significativos identificados pelo entrevistador. Assim, a resposta a uma questão origina a pergunta seguinte, e uma entrevista ajuda a direcionar a próxima. A possibilidade de aprofundar as respostas torna esse tipo de entrevista muito rico em descobertas.

Já no formato de entrevista em profundidade semiaberta há uma matriz, um roteiro com questões-guia que dão cobertura ao interesse da pesquisa. A lista de questões desse modelo é gerada com base no problema que a pesquisa busca tratar, apresentando cada pergunta da forma mais ampla possível. Ela conjuga a flexibilidade da questão não estruturada com um roteiro de controle. As questões, sua ordem, profundidade e forma de apresentação ficam a cargo do entrevistador. Há em torno de quatro a sete questões, tratadas individualmente como perguntas abertas (Duarte, 2010). O pesquisador faz a primeira pergunta e explora ao máximo cada resposta até esgotar a questão.

Ambos os tipos de entrevista em profundidade são realizados preferencialmente em um local mais neutro, que permita uma conversa sem distrações. Isso, porém, demanda maior capacidade de organização do time de design thinking, sendo necessário também mais tempo para o projeto, em virtude da necessidade de organização das agendas de todos os envolvidos. Alternativamente, dependendo da natureza do protótipo, é possível conduzir esse tipo de entrevista a distância, por videoconferência, método que possibilita ter acesso a pessoas mais ocupadas, que não tenham tempo para se deslocarem até o local da entrevista.

Quando o ambiente tem um papel significativo ou quando as necessidades do usuário precisam ser avaliadas enquanto ele realiza determinadas atividades, a metodologia mais indicada é a **observação**. A observação não consiste simplesmente em olhar algo e depois anotar os fatos. Trata-se de um processo complexo que combina sensações (visão, som, toque, cheiro e até mesmo gosto) e percepção.

A observação envolve um olhar sistemático sobre as ações das pessoas, análise e interpretação de comportamentos e registro dos dados (Gray, 2012).

A observação do usuário pode ser feita de modo pessoal, pelo pesquisador, ou mecânico, por meio do emprego de câmeras. A tecnologia tem avançado muito nesse quesito, com soluções de *softwares* que permitem o registro inclusive das emoções manifestas pelos usuários em seus rostos ou com o uso de mapas de calor. No que se refere a aplicativos, programas que acompanham a navegação do usuário em um *site* ou aplicativo são uma modalidade de observação.

A imagem a seguir é um exemplo de observação da interação do usuário com um protótipo.

Figura 5.6 – **Observação do usuário**

Em razão da liberdade e da flexibilidade do design thinking, muitas equipes acabam fazendo uma combinação das duas metodologias. Na metodologia de design sprint, é comum que a interação do usuário com o protótipo seja gravada e analisada (observação), sendo seguida de uma conversa entre um membro da equipe com o usuário (entrevista).

O ambiente digital proporciona uma nova modalidade de **experimento** que pode ser empregada em alguns protótipos, o chamado *teste A/B*[1]. Nesse caso, quando a empresa cria um protótipo digital – de uma página da *web* ou um aplicativo –, é necessário observar o comportamento do usuário nessas páginas, de modo a testar funções individuais ou dar informações acerca de futuros produtos, serviços e modelos de negócio para testar a receptividade do público a essas propostas (Muller-Roterberg, 2020). Especificamente nessa situação, trata-se de uma abordagem mais quantitativa.

Depois de conduzir a entrevista, a observação ou testes A/B com o usuário, o próximo passo da equipe é determinar o que foi aprendido com base nos resultados. Assim, além de avaliar as questões pontuais acerca da viabilidade da ideia, é possível enriquecer os dados com o *feedback* obtido. Muller-Roterberg (2020) orienta que sejam realizados os seguintes questionamentos pela equipe de design:

- O que foi avaliado positivamente?
- O que nos preocupa?
- Que declaração do usuário foi uma surpresa?

---

[1] Teste A/B é um método de teste de design por meio do qual se comparam elementos aleatórios com duas variantes, A e B, que são o controle e o tratamento de uma experiência controlada, com o objetivo de melhorar a porcentagem de aprovação.

- O usuário demonstrou alguma emoção? Em caso afirmativo, de que tipo?
- Que sugestões foram feitas?
- Quais *insights* ou *feedbacks* recebemos?
- O que podemos aprender com isso?

A equipe de design thinking deve selecionar os pontos que têm mais significância para seu projeto de design e, se possível, implementar o *feedback* no próximo protótipo. É provável que o *feedback* fornecido resulte em variações da ideia original do produto/serviço.

Se as hipóteses não foram confirmadas ou se os questionários e as observações gerarem resultados ambíguos, é importante retornar a etapas anteriores do processo de design thinking. É necessário ter em mente que se trata de um processo que se alimenta do *feedback* gerado pelas etapas anteriores. A equipe aprende com as falhas, muda de ideia de acordo com o *feedback*, cria um protótipo melhorado e então realiza novos testes. Seguindo esse ciclo, a empresa gradualmente se aproxima mais de um produto, serviço ou modelo de negócio promissor e inovador.

SÍNTESE

Neste capítulo, abordamos a quarta etapa do ciclo de design thinking, a prototipagem, momento de transição entre o mundo das ideias para o mundo tangível, em que os conceitos abstratos se transformam em soluções concretas e testáveis. O propósito da prototipagem é ajudar na validação das ideias geradas. Por meio do protótipo, é possível coletar informações valiosas do usuário e dos *stakeholders* que vão permitir que a equipe de design ajuste a solução, alinhando-a às expectativas e necessidades reais do usuário. Vimos que os protótipos podem adquirir várias formas, que vão de esboços no papel até construções sofisticadas realizadas em impressoras 3D.

A etapa de prototipagem deve ser entendida como uma ocasião em que a empresa identifica oportunidades a serem exploradas, questões que demandam ajustes e problemas que precisam de correção. Para auxiliar nesse processo, idealmente se pode utilizar uma matriz de captura de *feedback* para registrar o aprendizado.

Finalizamos o capítulo sistematizando os processos para obtenção de *feedback* do usuário por meio de entrevistas em profundidade, que podem ser livres ou estruturadas, e de ações de observação, que podem ser realizadas de forma pessoal ou mecânica. Aliás, é bem comum que as equipes de design thinking acabem por fazer uma combinação de ambos os processos. Em dadas situações, é possível construir experimentos para verificar de modo mais efetivo a reação e a resposta do usuário. O processo de prototipagem é repetido até que a equipe chegue a uma solução que considere satisfatória, ocasião em que pode encaminhar-se para a próxima etapa, a implementação.

QUESTÕES PARA REVISÃO

1. Explique com suas palavras o que é a etapa de prototipagem no processo de design thinking.

2. Qual a diferença entre protótipos de baixa fidelidade e de alta fidelidade?

3. O design thinking é uma abordagem que se baseia em empatia, colaboração e experimentação para resolver problemas complexos. Uma ferramenta frequentemente utilizada nesse processo é o *storyboard*. Sobre o uso de *storyboard* no contexto do design thinking, analise as afirmações a seguir.

I. O *storyboard* é uma técnica que ajuda a visualizar a jornada do usuário, representando as etapas de interação e os pontos de contato com um produto ou serviço.

II. O uso estratégico de *storyboards* no design thinking é particularmente eficaz para gerar *insights* aprofundados sobre as necessidades dos usuários e para identificar oportunidades de inovação.

III. O *storyboard* é uma representação altamente detalhada e finalizada da solução, geralmente desenvolvida em fases avançadas do projeto.

IV. O *storyboard* permite a materialização de ideias mais abstratas, como serviços, modelos de negócio e processos.

É correto apenas o que se afirma em:

a. I e III.
b. II e IV.
c. III e IV.
d. I e II.
e. I, II e IV.

4. Levando em consideração a condução de entrevistas em profundidade e a observação dos usuários, avalie as afirmações a seguir e indique se são verdadeiras (V) ou falsas (F).

( ) Na observação pessoal, a equipe de design observa as atividades e os cenários em que os usuários interagem com um produto ou serviço, o que permite uma compreensão imersiva das experiências do usuário.

( ) As entrevistas em profundidade com os usuários são usadas principalmente para coletar dados quantitativos, como estatísticas e métricas de desempenho, para orientar o processo de design.

( ) A empatia é uma das principais razões pelas quais a observação e as entrevistas em profundidade com os usuários são cruciais no design thinking; ela ajuda a equipe a se conectar emocionalmente com problemas e necessidades dos usuários.

( ) A observação e as entrevistas em profundidade com os usuários são atividades exclusivas da fase de prototipagem do design thinking, sendo menos relevantes nas etapas iniciais de definição de problemas e ideação.

Agora, assinale a alternativa que corresponde à sequência correta:

a. V, F, V, V.
b. V, V, F, V.
c. V, F, V, F.
d. F, V, F, V.
e. F, F, F, V.

5. No processo de design thinking, a realização de _____ com os usuários desempenha um papel fundamental na identificação de _____ para melhorias e inovações em produtos e serviços. Durante esses testes, os usuários interagem com protótipos ou soluções em estágios iniciais de desenvolvimento, fornecendo um *feedback* valioso que ajuda a equipe de design a compreender as necessidades dos usuários e aprimorar as soluções de forma iterativa.

Assinale a alternativa que preenche corretamente as lacunas da frase:

a. entrevistas em profundidade – métricas.

b. observações – concorrência.

c. testes – oportunidades.

d. pesquisas – custos.

e. análises – tecnologia.

QUESTÕES PARA REFLEXÃO

1. Imagine que você está liderando uma equipe de design em um projeto para criar uma solução de mobilidade urbana sustentável. Reflita sobre as seguintes questões:

› Qual é o propósito de criar um protótipo de baixa fidelidade no início do processo de design? Quais benefícios ele oferece em comparação com um protótipo de alta fidelidade?

› Como você decidiria qual tipo de protótipo usar em diferentes estágios do projeto? Quais critérios orientariam sua escolha entre protótipos de baixa e alta fidelidade?

> Como a prototipagem no design thinking promove a colaboração e a comunicação eficaz dentro da equipe e com as partes interessadas?

> Além de testar e definir soluções, que outros *insights* ou aprendizados valiosos podem ser obtidos por meio da prototipagem no contexto de projetos de design?

2. Imagine que você está liderando uma equipe de design em um projeto para melhorar a experiência do cliente em um aplicativo de entrega de comida. Durante a fase de prototipagem, sua equipe decide criar um *storyboard* para representar a jornada do usuário ao usar o aplicativo. Reflita sobre as seguintes questões:

> Qual é o objetivo principal de utilizar um *storyboard* na fase de prototipagem do design thinking? Como ele pode ajudar a equipe a compreender melhor as necessidades dos usuários e aprimorar a solução?

> Quais elementos-chave você incluiria em um *storyboard* para representar a jornada do usuário ao usar um aplicativo de entrega de comida? Como você organizaria as cenas e os personagens para contar a história de forma clara?

> Além de comunicar a experiência do usuário, que outros *insights* ou informações valiosas podem ser obtidos ao criar e revisar um *storyboard*? Como esses *insights* podem impactar o design final do aplicativo?

> Como a colaboração e o envolvimento da equipe são facilitados pelo uso de *storyboards* durante a fase de prototipagem? Como os membros da equipe podem contribuir para a criação eficaz de um *storyboard*?

Pasuwan/Shutterstock

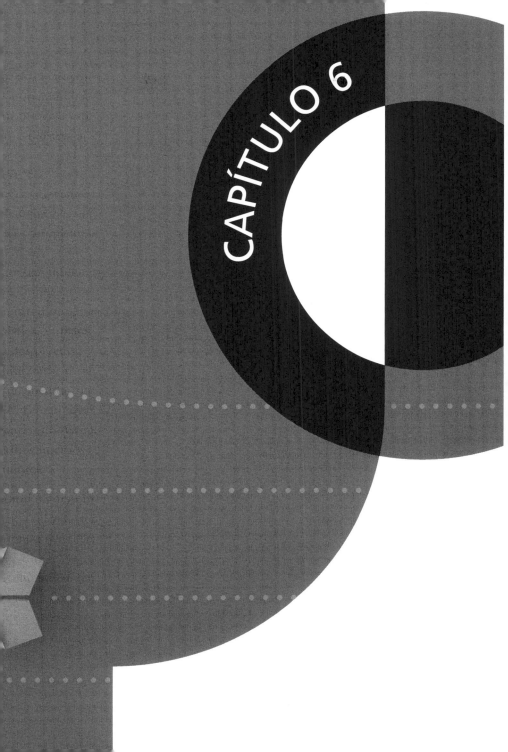

A IMPLEMENTAÇÃO DA SOLUÇÃO

Conteúdos do capítulo:

- Etapa V: implementação.
- Plano-piloto de implementação.
- O design thinking e a cultura organizacional.
- A importância do alinhamento com a organização e o mercado.
- A criação de experiências significativas para o usuário.

Após o estudo deste capítulo, você será capaz de:

1. entender as ações necessárias para a implementação de uma solução;
2. elaborar um plano-piloto de implementação;
3. compreender a relação entre cultura organizacional e design thinking;
4. alinhar soluções às demandas organizacionais e de mercado;
5. manter o foco na criação de experiências significativas para o usuário.

Chegamos à última etapa do processo de design thinking, que é a implementação da solução proposta. Lembramos que esse processo é cíclico e pode ser reiniciado sempre que o gestor da equipe de design sentir que a solução ainda demanda aprimoramento. Como procuramos destacar, o design thinking não se resume apenas à proposição de soluções, mas também considera a efetiva realização dessas soluções. Aliás, o processo não termina com a implantação, pois, uma vez que mercados e consumidores estão em fluxo constante de mudança, a solução proposta será continuamente alvo de um processo de validação e aprimoramento.

Embora o design thinking seja indiscutivelmente uma ótima ferramenta para a geração de soluções, sua real contribuição demanda que haja alinhamento com a organização, em especial sua cultura corporativa e a filosofia do design. Dito de outro modo, o design thinking não é um instrumento mágico a ser administrado isoladamente; seus resultados tornam-se mais prementes e efetivos à medida que a organização inclui entre seus valores, nas ações cotidianas, práticas como a aprendizagem com o erro, o foco no usuário e a busca de validação.

6.1 Etapa V: implementação

Depois das fases de empatia, definição do problema, ideação e prototipagem vem a fase de implementação. No design thinking, a implementação é o momento em que as ideias e os conceitos gerados são transformados em ações concretas. É a etapa em que a equipe se esforça para produzir soluções que atendam às necessidades e desejos do usuário de modo eficaz, mas que também sejam funcionais e exequíveis.

Como aponta Dekker (2020), traduzir a etapa de implementação em um guia com o passo a passo que deve ser seguido é tarefa no mínimo desafiadora, visto que os passos necessários para a implementação de um projeto variam muito de acordo com o contexto do problema para o qual a solução foi gerada. Implementar uma solução para aliviar o tráfego em uma grande metrópole é completamente diferente de colocar em prática um *layout* (disposição) de sala de aula mais eficaz. Some-se a isso o fato de que a iteração deve continuar ocorrendo durante a implementação, fazendo com que o ciclo do design thinking seja reiniciado sempre que for preciso.

É comum que os modos de pensar e trabalhar propostos pelo design thinking sejam abandonados na fase de implementação, uma vez que todos estão entusiasmados com as soluções encontradas. Pode-se também cair na armadilha de fazer as coisas como sempre foram feitas na hora de colocar as ideias em prática, ou seja, as ideias geradas são implementadas de forma linear, sem testes futuros, e não passam por um processo de melhoria contínua, o que aumenta muito as chances de a solução não se adequar aos desejos do usuário. Portanto, mesmo durante a implementação, a solução deve ser testada com o cliente e, se possível, com ajustes de última hora.

A melhor maneira de evitar esse tipo de problema é fazer com que os modos de pensar e trabalhar do design thinking sejam incorporados em toda a organização. Em especial, no caso de organizações que estão entrando em contato com o design thinking, o ideal é que a solução seja implantada gradualmente, para que tanto os membros da organização quanto seus funcionários não sejam pegos de surpresa.

Como lembram Ambrose e Harris (2011), normalmente, na etapa de implementação, o time de design prepara especificações para que outros desenvolvam o produto final – esses outros podem ser uma gráfica, um laboratório, um fabricante etc. Assim, trata-se do momento de confirmar as especificações do que será produzido no que se refere à qualidade e àquilo que se espera receber. É bastante usual que o time de design tenha de executar a função de gestor de projeto (*project management*) nesse estágio, de modo a garantir que os resultados atinjam as expectativas e o projeto seja mantido dentro do prazo e do orçamento.

Delineamos aqui alguns dos aspectos mais importantes da etapa de implementação que costumam ser comuns a todo tipo de projeto, de acordo com Ambrose e Harris (2011):

- **Prototipagem avançada** – Durante a prototipagem, busca-se criar protótipos simples e de baixo custo a fim de testar conceitos; contudo, à medida que se avança na implementação, esses protótipos vão se tornando mais sofisticados e próximos do produto final. Isso permite que as equipes refinem detalhes e prestem mais atenção a questões como usabilidade, estética e funcionalidade da solução. Protótipos avançados ajudam a comunicar a visão do produto de forma mais clara e, por conta disso, são ricos na obtenção de um valioso *feedback* dos usuários, possibilitando a realização de ajustes antes do lançamento oficial.
- **Colaboração intensa** – A colaboração é fundamental na fase de implementação. Diferentes disciplinas, como design, engenharia, *marketing* e desenvolvimento de produtos, precisam trabalhar juntas para garantir que a solução seja completa e viável. Como

sempre, a diversidade de perspectivas e conhecimentos enriquece o processo, conduzindo a soluções mais equilibradas que ainda são inovadoras. Assim, reuniões regulares, sessões de *brainstorming* e uma comunicação eficaz são essenciais para manter o fluxo de colaboração.

- **Testes** – Durante a implementação, os testes iterativos são cruciais para aprimorar a solução proposta. Os designers devem continuar coletando *feedback* de usuários reais ativamente, observando como eles interagem com o produto e ajustando o design de acordo com os *insights* gerados. Essa postura ajuda a eliminar problemas relativos à usabilidade da solução, identificar falhas e refinar detalhes. Os ciclos de *feedback* e iteração devem ser mantidos até que se alcance um nível de satisfação aceitável.

- **Empatia** – A empatia não é só uma etapa do processo de pesquisa – ela também deve estar presente na implementação. Os designers devem buscar manter uma conexão contínua com as necessidades e os desejos do usuário de forma a garantir que a solução final seja verdadeiramente centrada nele. Isso demanda a realização contínua de pesquisas, a observação de comportamentos e a escuta ativa do *feedback* dos usuários para garantir que as vozes destes sejam ouvidas.

- **Aprendizado** – Mesmo durante a implementação, a equipe continua aprendendo. À medida que a solução vai sendo testada no mundo real, surgem novas informações e desafios que provavelmente vão demandar adaptações. O aprendizado contínuo permite que as equipes aproveitem essas oportunidades para melhorar a solução e sua eficácia. Isso pode gerar *insights* muito valiosos para projetos futuros.

- **Escalabilidade** – A equipe de design não deve perder de vista a escalabilidade, em especial para soluções destinadas a um público muito amplo. Durante a implementação, é crucial considerar como a solução pode ser produzida em grande escala, distribuída de modo eficaz e mantida com o tempo. Questões logísticas, custos e requisitos de recursos devem ser avaliados e considerados a fim de garantir que a solução seja viável em larga escala.

- **Monitoramento e avaliação** – Após o lançamento, é essencial manter o monitoramento e a avaliação da solução de forma contínua. Métricas de desempenho, tais como satisfação do cliente, taxas de adoção e eficácia operacional, devem ser acompanhadas de perto. Isso permite que as equipes identifiquem problemas emergentes e façam correções, bem como implementem melhorias, mantendo a relevância da solução no decorrer do tempo.

- **Disponibilidade para mudar** – O mundo está em constante evolução, e as necessidades dos usuários podem mudar. Assim, o ideal é conceber soluções flexíveis e adaptáveis, o que envolve a capacidade de incorporar novas tecnologias, responder a mudanças do mercado e abordar desafios emergentes.

É importante lembrar que a implementação não marca o fim do processo, mas o início de uma jornada contínua de melhoria e adaptação. Uma boa forma de compreender esse processo é acompanhar o lançamento de uma solução ou aplicativo em qualquer loja digital. Tão logo a solução é lançada, a equipe realiza o trabalho de acompanhamento das manifestações do usuário, utiliza diferentes ferramentas para avaliar o sucesso de implementação e dá sequência a correções e **proposições de novas implementações**.

6.2 A criação de um plano-piloto de implementação

Como aponta Beausoleil (2022), a implementação é a etapa final de qualquer projeto. A elaboração de um plano de implementação consiste na preparação de um documento que determina os principais passos, as atividades e os recursos necessários para colocar a solução em prática no mercado.

O próprio plano de implementação pode ser prototipado na forma de um projeto-piloto ou teste, quebrando o processo em uma escala menor para um mercado determinado, com uma linha do tempo definida e menor alocação de recursos. Isso permite que a organização realize ajustes finais com base em *feedback*, garantindo uma aceitação ainda maior da solução proposta. O teste-piloto reflete todos os elementos do plano de implementação, mas em uma escala menor. Não se trata apenas de um teste, é mais uma oportunidade de aprendizagem. Plano-piloto de implementação pode ser sistematizado nos seguintes passos, conforme Beausoleil (2022):

1. **Definir os objetivos** – O que a empresa deseja conquistar com a introdução da solução? É importante definir claramente o que deseja alcançar com o plano piloto, bem como o escopo, ou seja, quais partes da solução serão testadas e em que contextos e quais partes serão deixadas de fora.

2. **Identificar o alvo** – Quem é o público-alvo deste piloto? Onde será possível encontrá-lo e interagir com ele? É preciso identificar as partes interessadas, listar todas as partes envolvidas e afetadas pelo plano piloto, incluindo usuários, equipe, líderes e outros *stakeholders*. Deve-se escolher um local ou contexto apropriado, que seja controlado e representativo para o teste, considerando fatores como tamanho, localização geográfica e características demográficas.

3. **Determinar as tarefas** – Quais são as tarefas, os marcos e os prazos necessários para o projeto-piloto? Deve-se criar um cronograma que inclua todas as etapas do plano-piloto, desde o planejamento até sua avaliação, definindo prazos claros para cada atividade.

4. **Alocar recursos e responsabilidades** – Quem vai fazer o quê? Quais são os recursos (tempo, dinheiro e pessoal) necessários para executar o piloto? Deve-se estabelecer um orçamento realista.

5. **Identificar as métricas de sucesso** – Como será possível determinar e medir o sucesso? É preciso definir as métricas e os indicadores de desempenho que permitirão avaliar o sucesso do plano-piloto (veremos mais detalhes na sequência).

6. **Avaliar** – Como o progresso será avaliado e medido durante e após o piloto? Como o *feedback* será coletado e integrado? Com que frequência se fará isso?

Para colocar o piloto em prática, o time de design thinking deve se certificar de que está sendo testada uma versão funcional e viável da solução e que essa versão está alinhada com os objetivos do plano-piloto. É importante que o time informe à equipe que vai colocar o piloto em prática os objetivos e detalhes do plano e forneça treinamento adequado para os envolvidos na implementação e operação da solução. Feito isso, as atividades devem ser executadas de acordo com o cronograma, garantindo que a solução seja implantada conforme o planejado. Além disso, devem ser coletados dados relevantes durante a implementação, em especial o *feedback* dos usuários, sendo mantidos registros detalhados de observações, problemas e soluções.

Findo o processo, o time de design thinking deve analisar os resultados, comparando os dados coletados com as métricas de sucesso definidas, avaliar o desempenho da solução, identificando áreas de melhoria, e elaborar um relatório com os resultados do plano-piloto. Se possível, devem ser feitas recomendações para a implementação do plano-piloto em larga escala, com base nas descobertas realizadas. O time de design thinking deve compartilhar os resultados do plano-piloto com todas as partes interessadas e explicar como os *feedbacks* foram abordados e quais alterações serão feitas na implementação em larga escala.

No que se refere à **mediação e avaliação** do piloto, há uma questão crucial que deve ser considerada: Que medidas de desempenho vão indicar e avaliar o progresso em direção ao objetivo desejado, bem como seu impacto?

As organizações modernas que buscam promover uma cultura de inovação, bem como sistemas e estruturas baseados no conhecimento, orientados em modelos de negócios sustentáveis, estão fazendo uma revisão de suas ferramentas de mediação. Tradicionalmente, as empresas faziam uso dos KPIs (*key performance indicators* – indicadores-chave de desempenho), que oferecem uma medida mensurável e objetiva, tais como receita mensal, taxa de conversão, satisfação do cliente, tempo de resolução de problemas, taxa de rotatividade de funcionários e eficiência da linha de produção (Lewrick, 2022).

Atualmente, as empresas estão passando a adotar as CPMs (*contemporary performance measures* – medidas de desempenho contemporâneas), um conjunto de medidas usadas para avaliar o desempenho de organizações, projetos, processos ou indivíduos em um contexto atual, levando em consideração as mudanças nas tecnologias, nos mercados, nas expectativas dos clientes e nas estratégias de negócios. As CPMs são mais adequadas para avaliar o sucesso e a eficácia em um mundo em constante evolução. Elas podem incluir indicadores quantitativos, qualitativos ou uma combinação de ambos os tipos, dependendo do que é mais relevante para os objetivos específicos (Lewrick, 2022).

As CPMs são medidas relacionadas às estratégias de negócios da empresa e mudam com o tempo, conforme as necessidades mudam, sendo projetadas para promover melhorias, em vez de simplesmente monitorar o desempenho. Ou seja, enquanto os KPIs são orientados para custos e lucros, as CPMs são voltadas para informações e comportamentos. Os KPIs usam estruturas financeiras e de contabilidade de custos; já as CPMs utilizam estruturas multidimensionais e personalizáveis, tais como análise de rentabilidade, valor da experiência do consumidor, escalas de retenção e satisfação de consumidores e colaboradores, relação inovação/lançamento de produtos (Beausoleil, 2022).

Uma vez que organizações inovadoras consideram os clientes (internos e externos) como o principal fator de análise de crescimento e o preditor mais preciso de desempenho organizacional, elas buscaram implantar medidores que reflitam melhor o processo de design, os sucessos e as falhas (como aprendizagem). Assim, suas avaliações se baseiam numa estrutura que leva em considerações três fatores, de acordo com Beausoleil (2022), para determinar se vale a pena ou não continuar um projeto:

1. **Ser desejável** – Busca-se avaliar se o projeto atende às necessidades e expectativas de *stakeholders*, clientes e usuários, a fim de averiguar se a iniciativa é atraente e valiosa para o público-alvo.

2. **Ser realizável** – Procura-se determinar se o projeto pode ser implementado considerando-se as restrições de tempo, recursos e capacidade técnica, ou seja, a intenção é medir a praticabilidade de sua execução.

3. **Ser viável** – Busca-se examinar os aspectos econômicos e estratégicos do projeto, inclusive se a iniciativa é financeiramente sustentável e alinhada aos objetivos de longo prazo da organização.

Uma forma bastante efetiva de realizar essa avaliação é estruturar um *framework* de avaliação, levando em conta os três fatores e apontando os indicadores de sucesso escolhidos, conforme exemplificado no quadro a seguir.

Quadro 6.1 – **Framework de avaliação em três fatores**

Fator	Perguntas-chave	Indicadores (exemplos)
Ser desejável	O consumidor vai querer esta solução? Ele precisa dela? Como vamos medir seu desejo e satisfação?	Financeiros: vendas, *customer lifetime value* (valor vitalício do cliente), retorno sobre o investimento.
		Não financeiros: satisfação do consumidor, menções na mídia, engajamento do consumidor.
Ser realizável	A companhia tem capacidade de oferecer e entregar a solução inovadora? Como vamos avaliar a capacidade da empresa de projetar e entregar?	Financeiros: eficácia da operação, custo de capital humano, investimento em infraestrutura e tecnologia.
		Não financeiros: níveis de competência-chave, retenção de funcionários, escala de engajamento dos funcionários.
Ser viável	A solução vai criar valor para o consumidor e gerar receita? Como vamos medir seu impacto?	Financeiros: receita por cliente, custo de aquisição, participação na receita de inovações.
		Não financeiros: Net Promoter Score (NPS), taxa de inovação, metas de redução de resíduos.

Fonte: Elaborado com base em Beausoleil, 2022.

Esse *framework* é valioso porque incentiva uma avaliação mais holística e compreensiva do projeto. Considerando as três dimensões juntas, as organizações e os indivíduos conseguem uma compreensão mais profunda do que contribuiu para o sucesso ou a falha, identificando áreas que podem ser melhoradas com base em dados. É importante lembrar, é claro, que os fatores específicos de mediação variam de acordo com o contexto em que o projeto é aplicado.

6.3 O design thinking e a cultura organizacional

O design thinking não é algo para ser realizado apenas uma vez. Não é suficiente que a empresa desenvolva um projeto e não tome as medidas necessárias para sua implementação. Idealmente, o design thinking precisa se tornar um componente da cultura da empresa. Os cinco principais fatores que contribuem para uma cultura de inovação são estrutura, estratégia de negócios, processos, estilo de liderança e, obviamente, cultura da empresa.

Como apontam Uebernickel et al. (2020), a introdução do método de design thinking como parte integrante da cultura da empresa leva tempo. Mudar a forma como os gestores e os funcionários pensam não ocorre do dia para a noite, tampouco em semanas ou mesmo em meses. É necessário que a organização faça um planejamento específico de alguns anos, alocando recursos gerencias constantes de modo a transformar a cultura da empresa em direção à proposta do design thinking. Um senso de urgência acerca da necessidade de mudança da cultura corporativa pode ser criado por meio de uma análise da situação atual e dos desafios futuros da empresa.

O passado moldou a cultura corporativa atual e deve ser analisado em perspectiva. Para Uebernickel et al. (2020), a transformação da cultura da empresa ocorre em dois níveis: no operacional (dia a dia do projeto) e no estratégico, com ambos se entrelaçando no que concerne à adoção do método de design thinking.

No **nível operacional**, essa relação é determinada de acordo com o modo como a empresa utiliza o design thinking:

1. **Design thinking como uma caixa de ferramentas para a inovação** – Nesse caso, a empresa faz uso apenas de elementos metodológicos isolados em projetos já existentes. Essa abordagem permite a utilização rápida dos elementos mais promissores do design thinking, possibilitando o contato inicial dos colaboradores com o método.

2. **Design thinking como parte do processo de inovação** – Nessa variante, o método geralmente é combinado com outros métodos, como o Scrum[1], com o objetivo de gradualmente mudar os métodos de desenvolvimentos predominantes para uma abordagem orientada para o cliente, promovendo a criatividade.

3. **Design thinking como guia para inovação** – Aqui o design thinking é utilizado em sua totalidade, alinhado às práticas da empresa.

No **nível estratégico**, a transformação da cultura da companhia com base na inovação pode ser entendida como um processo composto por quatro estágios distintos, a saber:

---

1 Scrum é uma estrutura ágil de colaboração em equipe comumente usada no desenvolvimento de *software* e em outros setores. Nesse método, as equipes dividem o trabalho em metas a serem concluídas dentro de iterações com limite de tempo, chamadas *sprints*.

1. **Conhecimento** – A organização dá o primeiro passo em direção ao design thinking, estabelecendo temas como a orientação ao cliente, a criatividade e a prática iterativa com projetos específicos baseados em design thinking, de modo a mostrar aos colaboradores a utilidade do método.

2. **Experimentação** – Nesse estágio, a empresa faz uso do design thinking para resolver problemas e tarefas específicas. Colaboradores são treinados de forma a ampliar sua base de conhecimento metodológico, e mais processos são complementados pela metodologia.

3. **Atualização** – Nesse estágio, a empresa entende o design thinking como uma metodologia bem-sucedida e objetiva ampliar o uso do método para toda a organização. Ao mesmo tempo, estabelece espaços em que projetos podem ser escalados, implanta sistemas de avaliação e aumenta a transparência dos processos.

4. **Cultura organizacional** – Para que o design thinking se torne parte da cultura da companhia, os princípios do método precisam ser seguidos por toda a organização, e o uso em áreas operacionais acaba por afetar a cultura da organização. Assim, o design thinking permite que problemas e desafios internos e externos sejam processados e resolvidos em conjunto.

O processo de mudança em direção ao design thinking tem inclusive manifestações físicas. Como lembram Lewrick, Link e Leifer (2019), as instalações da maioria das empresas não foram pensadas e estruturadas para serem espaços criativos. Vamos tomar como exemplo as mesas de trabalho, projetadas para o trabalho individual em um computador. Na melhor das hipóteses, os colaboradores se sentam em torno delas, o que incentiva, no máximo, a troca de ideias (Figura 6.1). Idealmente, a empresa deve implantar espaços criativos, cuja configuração mínima necessária demanda que sejam amplos e desobstruídos, favorecendo a maior circulação dos membros de um time de design thinking, com materiais para prototipagem disponíveis, paredes ou superfícies que possam ser rabiscadas e coladas e quadros-brancos.

Figura 6.1 – **O espaço tradicional da empresa não foi pensado para ser um espaço criativo**

Empresas tradicionais foram concebidas e estruturadas na forma que toma por base tarefas rotineiras e padronizadas, numa cultura orientada para a eficiência, em que se busca evitar erros e mudanças frequentes. O design thinking e sua orientação para a inovação consideram que os erros são desejáveis para aprendizados e melhoria e determina que os colaboradores devem ter espaço para improvisar e ser incentivados a agir com autonomia. Pode ser que haja um conflito entre a orientação para a eficiência e para a inovação; nesse caso, é desejável que a empresa separe a inovação dos processos rotineiros, tomando o cuidado de não tornar as áreas excludentes ou isoladas (Muller-Roterberg, 2020).

A empresa tem de incentivar ativamente a colaboração e a comunicação, buscando instituir uma cultura que acolha a discussão aberta e que não evite conflitos. É claro que adotar os princípios e métodos do design thinking de forma sustentável na empresa demanda pessoas que apoiem e incentivem essa mudança. Portanto, é necessário estabelecer lideranças para o processo de mudança, uma coalização de lideranças que idealmente abranja todos os departamentos e hierarquias. Ela deve participar no desenvolvimento estratégico e no planejamento da implementação de projetos de design thinking. Os membros dessa coalização devem exemplificar a mudança como modelos vivos que são, incorporando os princípios do design thinking e verificando a compreensão dos métodos por parte dos colaboradores.

A mudança cultural para uma instituição mais tolerante ao erro é possivelmente um dos pontos mais desafiadores na implantação do design thinking. Nem toda ideia é um sucesso, nem todo protótipo é avaliado de forma positiva pelo usuário, e com esses erros a empresa aprende. Contudo, para que isso realmente seja vivenciado pela empresa, os colaboradores precisam sentir que podem falar aberta e honestamente sobre erros em toda a organização. Nesse desenho cultural, os gerentes, em seu papel de modelos, devem assumir seus erros e relatar como se sentiram acerca deles e, principalmente, o que aprenderam com eles. A empresa precisa mostrar que honestidade e abertura não são fraquezas, mas valores importantes que aumentam a credibilidade dos líderes. Quando um gerente lida com os erros dos funcionários de maneira objetiva, de modo que ninguém que honesta e abertamente relate os próprios erros seja exposto, ele cria confiança.

É importante também que os colaboradores sejam informados e capacitados para que a nova cultura corporativa seja integrada à rotina de trabalho. É possível reduzir a desconfiança e as barreiras entre os funcionários afetados pelas mudanças implantadas por meio de discussões e acordos sobre a participação ativa nos projetos de design thinking. Se as habilidades existentes precisam ser expandidas e desenvolvidas para a cultura de inovação, a empresa deve executar treinamentos na forma de *workshops*.

6.4 A importância do alinhamento com a organização e o mercado

O design centrado no ser humano é coração do design thinking, sendo uma abordagem que tem mudado a forma como as organizações enfrentam desafios e buscam soluções para seus problemas. A principal contribuição desse modelo reside na busca pela compreensão profunda de necessidades, desejos e expectativas das pessoas envolvidas, tanto o cliente final como os colaboradores ou os parceiros de negócio.

Como procuramos enfatizar, o design thinking não tem nada de mágico – ele simplesmente propõe uma forma diferente de fazer as coisas. Um elemento que muitas vezes é negligenciado, mas que é crucial para o sucesso do design thinking, é o alinhamento desse modelo com a organização e o mercado.

Quanto ao alinhamento com a organização, é fundamental que as iniciativas de design thinking estejam alinhadas à missão, à visão e aos valores da empresa; caso contrário, as soluções criadas atenderão às necessidades das partes interessadas, mas ficarão desconectadas da estratégia global da organização. Quando o design thinking opera em harmonia com os objetivos maiores da empresa, os resultados não só são mais significativos, como também são sustentáveis, uma vez que há maior aceitação interna.

Com relação ao alinhamento com o mercado, devemos observar que o design thinking não existe no vácuo, devendo atentar às mudanças e dinâmicas do mercado para garantir que as soluções propostas sejam relevantes, mas também competitivas. Isso implica uma profunda compreensão das tendências, demandas e expectativas do mercado em que a organização atua. A cultura da inovação contribui para tornar a empresa mais flexível e resiliente aos desafios imprevistos, bem como mais competitiva.

A importância desse alinhamento não pode ser subestimada, visto que, quando uma organização adota o design thinking sem considerar a cultura interna da empresa e as demandas do mercado, arrisca-se a desenvolver soluções que não são viáveis, sustentáveis ou aceitáveis. Isso fatalmente vai gerar desperdício de recursos e o eventual fracasso, mesmo dos projetos mais bem intencionados. Nas ocasiões em que o design thinking é aplicado tendo em vista seu alinhamento com a organização e com o mercado, os benefícios são consideráveis; as soluções criadas são mais propensas a serem adotadas com entusiasmo pelos colaboradores e a serem valorizadas pelos clientes, o que gera uma espiral de retorno positivo de inovação, a fidelização dos clientes e o crescimento dos negócios.

É provável que o design thinking entre na organização por conta da comprovada eficácia desse método na solução inovadora e criativa de problemas, ou seja, como uma **caixa de ferramentas para a inovação**. Contudo, sua metodologia de abordagem prática e iterativa de problemas e relacionamentos com o usuário cria a possibilidade de que o design thinking se torne **parte integrante do processo de inovação**. O verdadeiro salto para a mudança ocorre quando a filosofia subjacente ao design thinking é incorporada à cultura de empresa e a organização faz **uso do design thinking como um guia para a inovação**. É nesse e empolgante campo que desponta uma nova abordagem, o design de negócios (*business design*).

O **design de negócios** é uma perspectiva inovadora e estratégica na qual o design não é apenas uma questão estética, mas uma abordagem que impulsiona o sucesso e a sustentabilidade da empresa. Sua proposta é que o design pode ser aplicado não apenas a produtos e serviços finais, mas a todo o ecossistema da organização. Ele se concentra na criação de experiências excepcionais para os clientes, os colaboradores e os *stakeholders*, considerando que essas experiências são a base para o crescimento sustentável.

O design de negócios compreende todas as atividades referentes ao design de um negócio rentável e, como disciplina, faz uso da mesma abordagem do design utilizada no desenvolvimento de grandes produtos: trazer novo valor ao usuário, do conceito até o produto final. Ele envolve integração da organização com o design, o que na prática implica um modo de pensar e trabalhar que se utiliza do design centrado no usuário como forma de melhorar e transformar os negócios. É uma proposta que se vale de disciplinas gerenciais e de administração, mescladas com ciências sociais, design e *marketing*, para criar a proposta de valor do negócio (Beausoleil, 2022).

O processo do design de negócios começa com uma compreensão profunda das necessidades, desejos e expectativas dos clientes. Isso não se limita ao que os clientes dizem que querem, envolvendo a observação atenta do comportamento deles e a análise das tendências emergentes. Com base nessa compreensão, as empresas podem redesenhar seus produtos, serviços e processos para atender às demandas do mercado de maneira mais eficaz e inovadora.

Além disso, o design de negócios considera a experiência do colaborador como um fator crítico para o sucesso. Colaboradores engajados e motivados desempenham um papel fundamental na criação e entrega de valor aos clientes. Portanto, as empresas que adotam o design de negócios estão focadas em criar ambientes de trabalho que promovam a criatividade, a colaboração e o bem-estar dos colaboradores.

Outro aspecto importante do design de negócios é a abordagem iterativa e orientada a protótipos. Isso significa que as empresas estão dispostas a experimentar, aprender com os erros e fazer melhorias contínuas. Essa mentalidade de "aprender fazendo" é essencial para a inovação bem-sucedida. Como método, o design de negócios reconhece que o mercado e os clientes estão em processo constante de evolução e que os modelos e processos do negócio precisam evoluir também. Quando os usuários abandonam a organização por conta de ofertas da concorrência, a empresa precisa redescobrir quem são seus consumidores. Para que as organizações sobrevivam e cresçam, elas precisam adotar uma abordagem de negócios que as conecte com seus consumidores, compreenda os desejos não atendidos e encontre formas efetivas e rentáveis de tornar a vida dos consumidores melhor. O propósito do design de negócios é alinhar líderes e seus times no processo de reformular os problemas de negócio, prototipar soluções e entregar o que os consumidores querem e o que os *stakeholders* precisam (resultando num negócio sustentável). Se a organização não conseguir se adaptar, ela continuará em um inexorável declínio em direção à irrelevância ou à falência.

6.5 A criação de experiências significativas para o usuário

Em um mundo que está cada vez mais interconectado e permeado pela comunicação digital, a busca pela criação de experiências significativas para o usuário tornou-se um elemento fundamental na determinação do sucesso ou da falha de produtos, serviços e organizações. O princípio dessa busca é que as empresas não estão limitadas apenas a satisfazer as necessidades e os desejos de seus consumidores – elas devem ir além disso, buscando cativar, emocionar e, consequentemente, criar relações duradouras. O design centrado no ser humano, em especial a abordagem do design thinking, é o meio ideal para que isso possa se concretizar.

Vimos que o ponto de partida ideal para criar experiências significativas é a compreensão profunda do usuário. Somente mergulhando no universo e vivenciando as experiências do usuário é que as empresas serão capazes de compreendê-lo como ser humano, enxergando a pessoa que está por trás dos dados demográficos, compreendendo que ela tem expectativas de vida, elementos que a motivam a lutar e emoções que impulsionam suas ações. Isso demanda que a organização desenvolva a competência da empatia, que é a capacidade de ver o mundo sob a ótica do usuário.

Contudo, a mera compreensão do usuário não é suficiente – é preciso organizar esse conhecimento de modo a ter foco no design. Portanto, é necessário que a organização delineie claramente o problema que pretende resolver ou a oportunidade que deseja explorar, uma vez que o objetivo não é apenas criar uma solução, mas criar a solução certa.

De posse de um problema "suculento" e desafiador, a empresa faz uso da capacidade inata do ser humano de usar a criatividade como forma de resolver problemas, o que, no caso do design thinking, é estruturado em uma fase dedicada exclusivamente à geração de ideias. O esforço se concentra em romper as amarras conceituais que as pessoas se impõem e deixar a criatividade emergir, buscando o pensamento divergente, num campo em que não existem ideias certas ou erradas. Por meio do trabalho em equipe, é estimulada a criação de um grande conjunto de soluções, tendo-se sempre em mente que ideias que possam parecer estranhas num primeiro momento podem conduzir a soluções inovadoras.

O ponto de ouro do design thinking está justamente na proposição de que a equipe de design não deve apenas gerar ideias, mas testá-las e aprender com elas. Por meio da prototipagem, buscam-se formas de dar materialidade às ideias, primeiro em protótipos de baixa fidelidade, que permitem a realização de testes rápidos e interativos com os usuários, para em seguida, com base no aprendizado obtido, ser possível refinar as soluções. O grande diferencial aqui é que a empresa está trazendo o usuário para o processo de criação e, por conta disso, é importante que seja dada muita atenção ao *feedback* que esse usuário fornece. Não há problema em cometer erros, desde que as pessoas estejam dispostas a aprender com eles.

A empresa cria então um ciclo em que a ideia será testada e revisada por meio de diversas iterações, até que entenda que ela está madura o suficiente para ser implementada. Na proposta do design thinking, o trabalho da equipe de design não acaba na implementação, uma vez que a solução será continuamente avaliada, de modo a garantir que a experiência do usuário permaneça significativa, ou seja, à medida que as necessidades e expectativas do usuário evoluem, o design do produto ou serviço também deve evoluir e se adaptar.

A criação de experiências significativas para o usuário vai além do design de um único produto ou serviço; trata-se de construir relacionamentos duradouros. Quando os usuários sentem que suas necessidades e desejos são compreendidos e atendidos de maneira autêntica, eles se tornam leais à empresa e a recomendam a outros. Esse impacto positivo pode perdurar por muitos anos e ser a base para o crescimento sustentável das organizações.

Cabe explicitar aqui algo que está presente em toda esta obra, que é o fato de que pensar em design leva a fazer design, e fazer design coloca o profissional no lugar do usuário, enxergando o mundo com os olhos desse usuário. É essa verdade simples e fundamental que sustenta a proposta inovadora do design thinking. Como disciplina, o design tem buscado cumprir essa função há mais de um século. Longe de ser uma entidade monolítica, o design é objeto de muita reflexão e reformulação por parte de seus praticantes. Se inicialmente o foco do design estava nos produtos e em sua manufatura, esse foco paulatinamente foi se expandindo a ponto de hoje se falar em design de experiência do usuário (*user experience* – UX), design de negócios e design de informação.

Na década de 1970, um renomado designer industrial alemão chamado Dieter Rams, que contribuiu significativamente para o design moderno, postulou os dez princípios que ele considerava fundamentais ao "bom design" (Rams, 2021). Esses princípios deveriam servir como um guia para designers e profissionais criativos. Embora a proposta de Rams tivesse como foco o design de produtos, cremos que esses conceitos são válidos como princípios do design geral até hoje. Portanto, finalizando este capítulo, apresentamos uma versão revisada da proposta de Rams (2021) adaptada ao design thinking:

1. **Inovação** – O design thinking deve ser inovador, buscando constantemente maneiras de aprimorar e avançar. A inovação é a chave para a evolução do design.
2. **Usabilidade** – O design thinking deve resultar em produtos e serviços mais fáceis de serem usados, dando ênfase à funcionalidade. O objetivo é criar soluções que sejam intuitivas e autossuficientes.
3. **Estética** – O design thinking deve ser esteticamente agradável e atemporal. Ele deve resistir ao teste do tempo, evitando modismos passageiros.

4. **Simplicidade** – A simplicidade é fundamental. O design thinking deve ser simplificado ao máximo, removendo quaisquer elementos ou detalhes que não sejam essenciais para a funcionalidade do produto.

5. **Clareza** – O fruto do design thinking deve comunicar claramente sua função e seu propósito. O design deve ser direto e compreensível, sem ambuiguidade.

6. **Honestidade** – O resultado do design thinking deve ser honesto, refletindo suas qualidades intrínsecas, não sendo mascarado ou camuflado.

7. **Sustentabilidade** – O design thinking deve sempre considerar o impacto ambiental e a sustentabilidade. Produtos devem ser projetos para durar e minimizar o desperdício; serviços e processos devem considerar o impacto que terão.

8. **Atenção aos detalhes** – Cada detalhe do design thinking deve ser cuidadosamente considerado desde a forma até o acabamento. A excelência está nos detalhes.

9. **Menos, mas melhor** – Esse princípio enfatiza a importância de eliminar o excesso e focar a qualidade em vez da quantidade.

10. **Mínimo design possível** – Esse princípio enfatiza que o design thinking não deve ser excessivo ou ornamental. Deve ser reduzido ao mínimo essencial para cumprir sua função.

SÍNTESE

Neste capítulo, tratamos da quinta etapa do processo de design thinking, a implementação, momento em que as ideias e os conceitos gerados são transformados em ações concretas, produzindo soluções que atendam às necessidades do usuário de maneira eficaz e sejam ao mesmo tempo funcionais e exequíveis. Embora seja a etapa final do processo, ela não significa seu fim. É comum que nessa etapa as organizações caiam na armadilha de "fazer as coisas como sempre foram feitas", implementando as soluções de modo linear, sem testes futuros e sem um processo de melhoria contínua, postura que aumenta muito as chances de a solução não se adequar aos desejos do consumidor.

Como forma de mitigar essa possibilidade, sugerimos que seja elaborado um plano de implementação, documentação que determina os principais passos, atividades e recursos necessários para colocar a solução em prática no mercado. O próprio plano de implementação pode ser prototipado e validado na forma de um teste-piloto. O design thinking tem um profundo impacto não só na forma como se fazem as coisas como também na forma como se pensam a organização e seus processos. Portanto, a eficácia das propostas depende muito do alinhamento do design thinking com a cultura da organização, num espectro que vai da utilização do design thinking apenas como uma ferramenta até a efetiva incorporação desse modelo no "código genético" da empresa, com a consequente revisão de processos, abordagens e espaços corporativos.

Concluímos este capítulo resgatando o objetivo maior do design thinking, que é a criação de experiências significativas para o usuário, objetivando não apenas satisfazer suas necessidades, mas ir além, cativando, emocionando e criando relações duradoras. Quando os usuários sentem que suas necessidades e desejos são compreendidos e atendidos de maneira autêntica, eles se tornam leais e recomendam a empresa a outros. Esse impacto positivo pode perdurar por muitos anos e ser a base para o crescimento sustentável das organizações.

QUESTÕES PARA REVISÃO

1. Explique com suas palavras o que é a etapa de implementação do processo de design thinking.

2. Como é possível garantir que o processo de implementação das soluções projetadas leve em consideração as perspectivas e necessidades dos usuários finais, de modo a proporcionar uma experiência excepcional e satisfatória?

3. O design thinking é uma abordagem que pode ter um impacto significativo na cultura organizacional de uma empresa. Considere as afirmações a seguir sobre a interconexão entre o design thinking e a cultura organizacional.

   I. O design thinking promove uma cultura de inovação ao encorajar a experimentação, a colaboração e a disposição para assumir riscos calculados.

   II. Uma cultura organizacional orientada pelo design thinking valoriza a hierarquia e a autoridade, uma vez que essa abordagem requer uma liderança centralizada para tomar decisões rápidas.

III. O design thinking pode fortalecer a cultura da empatia e do foco no cliente, incentivando as equipes a compreender profundamente as necessidades e expectativas dos clientes.

IV. A implementação bem-sucedida do design thinking geralmente exige mudanças significativas na cultura organizacional, como a promoção de uma mentalidade de resolução de problemas e a abertura a novas ideias.

É correto apenas o que se afirma em:

a. I e III.
b. II e IV.
c. III e IV.
d. I e II.
e. I, III e IV.

4. No contexto do design thinking, o alinhamento com a organização e o mercado é fundamental para o sucesso de um projeto. Isso significa que as equipes de design devem compreender profundamente as necessidades da empresa e as demandas do mercado, a fim de criarem soluções que sejam relevantes, viáveis e desejáveis para os clientes. Avalie as afirmações a seguir e indique se são verdadeiras (V) ou falsas (F).

( ) No design thinking, o alinhamento com a organização e o mercado é menos relevante do que a criatividade na geração de soluções inovadoras.

( ) O alinhamento do design thinking com a organização envolve compreender os valores, os objetivos e a cultura da empresa, garantindo que as soluções estejam alinhadas com a visão e a missão da organização.

( ) O alinhamento com o mercado se refere à compreensão das necessidades e preferências dos clientes, garantindo que as soluções atendam às demandas do público-alvo.

( ) O design thinking não requer considerações sobre a organização ou o mercado, pois se concentra exclusivamente na criatividade individual dos designers.

Agora, assinale a alternativa que corresponde à sequência correta:

a. V, F, V, V.
b. V, V, F, V.
c. V, F, V, F.
d. F, V, V, F.
e. F, F, F, V.

5. O plano-piloto deve começar com uma definição clara, identificando os objetivos específicos que se deseja alcançar. Também é essencial determinar um período de _____, durante o qual o plano-piloto será executado. Nessa fase, é importante coletar dados valiosos e _____ dos usuários para informar as melhorias necessárias antes da implementação completa.

Assinale a alternativa que preenche corretamente as lacunas da frase:

a. Teste – *feedback*.
b. Desenvolvimento – documentação.
c. Execução – resultados.
d. Treinamento – aprovação.
e. Monitoramento – *insights*.

QUESTÕES PARA REFLEXÃO

1. Como o design thinking pode contribuir para a transformação da cultura organizacional, promovendo uma mentalidade mais centrada no cliente, inovadora e colaborativa?

2. Imagine que você está liderando uma equipe de design que desenvolveu uma inovadora solução de mobilidade urbana como parte de um projeto de design thinking. A solução envolve a criação de um aplicativo de compartilhamento de carros elétricos. Reflita sobre as seguintes questões:

   › Quais são os principais desafios que você espera enfrentar durante a fase de implementação dessa solução? Como você planeja abordar esses desafios?

   › Como você garantirá que a visão e os princípios fundamentais do projeto, concebidos nas fases anteriores do design thinking, sejam preservados durante a implementação?

   › Qual é o papel da colaboração multidisciplinar e da comunicação eficaz na fase de implementação? Como você garantirá que todas as partes interessadas estejam alinhadas e engajadas no processo?

   › Como você medirá o sucesso da implementação? Quais métricas e indicadores de desempenho serão usados para avaliar o impacto da solução no público-alvo e na organização?

   › Qual é a importância de uma abordagem iterativa na fase de implementação? Como você planeja iterar e aprimorar a solução à medida que ela é lançada e utilizada pelos usuários?

ESTUDO
DE CASO

INOVAÇÃO NO SETOR DE MOBILIDADE URBANA

Uma cidade brasileira de médio porte enfrenta desafios significativos no que se refere à questão de mobilidade urbana. Na última década, por conta da instalação de duas fábricas do setor tecnológico na região, houve um constante aumento da população, o que, somado a uma infraestrutura de transporte desatualizada, tem resultado em constantes congestionamentos, aumentando o tempo de deslocamento e gerando uma insatisfação generalizada dos cidadãos. O prefeito recém-eleito deu muito enfoque, em sua campanha eleitoral, à necessidade urgente de buscar soluções inovadoras para melhorar a experiência de mobilidade dos moradores. Ciente da complexidade da questão, bem como dos diversos *stakeholders* envolvidos, ele decidiu montar um comitê de solução de mobilidade que fará uso do design thinking.

- **Etapa 1: Empatia** – Uma vez que o time de design thinking é formado, mergulha-se no cotidiano dos cidadãos, de modo a entender suas frustrações e os desafios referentes à mobilidade. Como forma de dar suporte ao processo, a equipe realiza uma série de entrevistas com a população, assim como observações acerca do fluxo de trânsito, além de fazer um estudo buscando referências globais de cidades com problemas semelhantes e as soluções que colocaram em prática. Uma das principais descobertas foi a revelação de que os cidadãos desejam opções de transporte que sejam eficientes, mas ao mesmo tempo sustentáveis, entendendo que o aumento da poluição e do estresse é consequência direta da falta de solução para a questão de mobilidade.

- **Etapa 2: Definição** – Com base nas descobertas da etapa de empatia, a equipe realiza algumas reuniões de alinhamento com os principais *stakeholders* e desenvolve personas que representam os diferentes perfis de cidadãos, criando jornadas do usuário de cada um, com foco na experiência destes com o transporte urbano. A equipe então procura gerar mapas de empatia para cada persona. Com base nesses estudos, consegue chegar à definição do problema central a ser resolvido. Ele é assim formulado: "Como podemos ajudar a população de modo que a mobilidade urbana seja melhorada sem aumento da poluição e geração de mais estresse?".
- **Etapa 3: Ideação** – O time realiza sessões de *brainstorming* que geram uma variedade de ideias criativas sobre a forma de abordar o problema. A ênfase está em pensar "fora da caixa", de modo a buscar uma solução que atenda às necessidades dos cidadãos. A equipe também realiza *workshops* de cocriação com trabalhadores do setor de transporte. Entre as soluções propostas estão a implantação de semáforos inteligentes que tenham a capacidade de "entender" o trânsito e se ajustem a ele, a implantação de estacionamentos gratuitos, a pavimentação de rodovias exclusivas para ciclistas, a oferta de vagões do metrô específicos para ciclistas e a implantação de pedágios urbanos. Após um processo de seleção e refino, a solução escolhida para a prototipagem é um aplicativo baseado no conceito de **mobilidade como um serviço** (*Mobility as a Service* – MaaS), um sistema que integraria uma rede de meios de transporte públicos e privados que podem ser acessados por meio de um único aplicativo. A ideia não é criar um meio de transporte, mas gerenciar com mais eficiência o deslocamento, reunindo todas as opções de transporte e oferecendo

a melhor solução ao usuário, a qual pode combinar ônibus, táxi, bicicleta, metrô, carros compartilhados e serviço de transporte, como o Uber.

- **Etapa 4: Prototipagem** – A criação de protótipos é estruturada em etapas, começando com protótipos de baixa resolução que são testados; a cada iteração, aumenta-se a complexidade do protótipo no que se refere ao design e à usabilidade do aplicativo. Uma vez que ele esteja minimamente operacional, é implantado um grupo-piloto de moradores para testar a eficácia da solução.

- **Etapa 5: Implementação** – Com base nos *feedbacks* obtidos na fase de prototipagem, a solução é refinada e preparada para a implementação em larga escala. Uma campanha de conscientização é lançada para informar os cidadãos sobre a nova abordagem para a mobilidade urbana. A prefeitura estabelece parceiras com empresas locais, grupos de comunicação e até mesmo instituições de ensino de modo a conscientizar a população e esclarecer sobre a forma de uso dos aplicativos. Algumas pessoas-chave de grande exposição nas redes sociais são escolhidas para atuarem como embaixadores da mudança.

- **Resultados** – A implementação bem-sucedida resultou em uma redução significativa no congestionamento e no tempo de deslocamento do usuários e em uma melhoria geral na qualidade de vida dos cidadãos. De fato, os resultados foram tão bons que a cidade passou a ganhar notoriedade na mídia nacional e internacional e o prefeito está considerando desenvolver uma versão do aplicativo exclusiva para turistas. Considera-se que o design thinking foi fundamental para abordar um problema complexo como o da mobilidade urbana de maneira criativa e centrada no usuário, proporcionando benefícios tangíveis a toda a população.

Este estudo de caso é fictício, mas se inspira em uma situação real da cidade de Helsinque, na Finlândia, mostrando como as etapas do design thinking podem ser aplicadas de maneira prática na resolução de problemas do mundo real.

Agora é a sua vez. Vamos refletir sobre o estudo?

- Empatia – Como a equipe de design thinking incorporou a empatia de modo a compreender as necessidades dos cidadãos? O que você sugere que o time faça para compreender melhor a questão da ótica dos cidadãos e obter *insights*?
- Definição – Você acha que a definição capturou adequadamente as preocupações e os desafios dos cidadãos? Que papel a definição desempenhou na orientação dos processo de design?
- Ideação – O que você sugere que a equipe faça para gerar ideias criativas? Como você orientaria a equipe para poder selecionar as ideias mais promissoras?
- Prototipagem – De que maneira você abordaria o processo de prototipagem para testar a solução proposta? Quais serão os principais desafios que você acredita que a equipe encontrará durante a etapa de prototipagem? Como lidar com eles?
- Implementação – Como a equipe pode garantir que a solução será refinada com base nos *feedbacks* obtidos na prototipagem? Qual é o papel das parcerias estabelecidas e da campanha de conscientização para uma implementação bem-sucedida? Como você sugere que os benefícios para a comunidade sejam medidos e avaliados?
- Considerações – Que lições podem ser extraídas deste estudo de caso em relação à prática do design thinking? Como os princípios de design thinking poderiam ser aplicados a outros contextos ou problemas?

CONSIDERAÇÕES FINAIS

Chegamos ao fim de nossa jornada pelo design thinking. Nesta obra, buscamos explicitar os princípios fundamentais e os processos que integram a abordagem revolucionária do design thinking. Agora é chegada a hora de você incorporar o que foi descrito e começar a desenhar seu novo futuro, com uma perspectiva enriquecida pelo que foi apresentado, iniciando um novo ciclo.

Como procuramos demonstrar, o design thinking não é apenas uma metodologia – ele é uma filosofia transformadora que nos desafia a pensar de modo mais criativo e colaborativo, sempre com foco no ser humano. Aprendemos a abraçar a empatia como uma forma poderosa de compreender as necessidades e os desejos das pessoas, bem como a ver os problemas como oportunidades para a inovação, em uma abordagem iterativa.

O design thinking tem sido aplicado em um amplo rol de áreas, desde negócios até educação e saúde. É empregado principalmente como abordagem para a criação de produtos e serviços que tenham impacto na vida dos clientes, cabendo ressaltar a forma como as equipes conseguem colaborar de modo eficaz e como os indivíduos que adotaram essa mentalidade mais aberta para a resolução de problemas têm se destacado.

Como buscamos enfatizar, o design thinking não é uma solução universal para todos os desafios. Embora seja uma ferramenta muito poderosa, seu sucesso vai depender da dedicação na aplicação de seus princípios e processos de maneira consistente e adaptada ao contexto específico de cada situação. Assim, convém resgatar alguns dos apontamentos apresentados neste livro.

A inovação é um processo contínuo. O design thinking ensina que a inovação não é um evento isolado — ela deve ser nutrida por um processo constante de aprendizado, experimentação e melhoria. Deixar de buscar maneiras de evoluir e aprimorar as soluções leva à estagnação e à perda de competitividade.

A empatia é a chave. A base do design thinking está em entender verdadeiramente as necessidades das pessoas. Aprenda a cultivar a empatia em todas as suas interações e aplique-a em todas as áreas de sua vida. Enxergar o mundo com os olhos dos outros vai tornar você uma pessoa melhor.

A criatividade prospera na colaboração. A colaboração é um dos pilares do design thinking. Abandone aquela ideia de gênios criativos solitários. Aprenda a trabalhar em equipe, reunindo diferentes perspectivas e explorando o poder da cocriação de forma a gerar soluções mais robustas e inovadoras.

Errar é aprender. Indiscutivelmente, um dos maiores problemas de nosso paradigma profissional atual é a ênfase dada à ideia de evitar o erro. O design thinking encoraja a experimentação e, consequentemente, o possível fracasso. Aprenda a não ter medo de errar, uma vez que cada erro constitui uma oportunidade de aprendizado.

O futuro é criado por aqueles que ousaram inovar. O design thinking mostra que a inovação está ao alcance de todos. Seja um empresário, seja um educador, seja um designer ou qualquer outro tipo de profissional, todos têm o poder de moldar seu futuro por meio do pensamento criativo e da ação orientada para o ser humano.

Propomos que você continue explorando e aplicando o design thinking em sua vida e em seu trabalho. O impacto que você criará será significativo, e o mundo está esperando suas contribuições inovadoras. O design thinking é uma ferramenta que capacita aqueles que ousam pensar diferente, agir com empatia e transformar desafios em oportunidades.

Vá em frente com confiança e criatividade. O mundo é seu *playground*!

REFERÊNCIAS

ADOBE XD. **Aprendizado e suporte do Adobe XD**. Disponível em: <https://helpx.adobe.com/br/support/xd.html?promo id=PYPVQ3HN&mv=other>. Acesso em: 30 jan. 2024.

AMBROSE, G.; HARRIS, P. **Design Thinking**. Porto Alegre: Bookman, 2011.

BEAUSOLEIL, A. **Business Design Thinking and Doing**: Frameworks, Strategies and Techniques for Sustainable Innovation. Switzerland: Palgrave Macmillan, 2022.

BESSANT, J.; TIDD, J. **Inovação e empreendedorismo**. Porto Alegre: Bookman, 2019.

BROWN, T. **Design Thinking**: uma metodologia poderosa para decretar o fim das velhas ideias. Rio de Janeiro: Elsevier, 2010.

BROWN, T.; KATZ, B. **Change by Design**: Revised and Updated. New York: Harper Collins, 2009.

CAETANO, R. Cufa pede medidas para conter o coronavírus nas favelas. **Exame**, 18 mar. 2020. Disponível em: <https://exame.com/brasil/cufa-pede-medidas-para-conter-o-corona-virus-nas-favelas>. Acesso em: 18 dez. 2023.

CAPRA, F. **A ciência de Leonardo da Vinci**: um mergulho profundo na mente do grande mestre da Renascença. São Paulo: Cultrix, 2008.

CAVALCANTI, C.; FILATRO, A. **Design Thinking na educação presencial, a distância e corporativa**. São Paulo: Saraiva, 2016.

DEKKER, T. **Design Thinking**. Utrecht: Noordhoff Uitgevers, 2020.

DUARTE, J. Entrevistas em profundidade. In: DUARTE, J.; BARROS, A. (Org.). **Métodos e técnicas de pesquisa em comunicação**. São Paulo: Atlas, 2010. p. 62-64.

FIGMA. Disponível em: <https://www.figma.com>. Acesso em: 30 dez. 2023.

GRAY, D. **Pesquisa no mundo real**. Porto Alegre: Penso, 2012.

HAIR JR., J. et al. **Fundamentos da pesquisa de marketing**. Porto Alegre: Bookman, 2014.

HAISE, F.; MOORE, B. **Never Panic Early**: an Apollo 13 Astronaut's Journey. Washington: Smithsonian Books, 2022.

IBGE – Instituto Brasileiro de Geografia e Estatística. Disponível em: <https://www.ibge.gov.br>. Acesso em: 30 jan. 2024.

JOHNSON, S. **De onde vêm as boas ideias**. Rio de Janeiro: Zahar, 2011.

KELLEY, T.; KELLEY, D. **Creative Confidence**: Unleashing the Creative Potential within Us All. New York: Crown Business, 2013.

KELLEY, T.; LITTMAN, J. **A arte da inovação**. São Paulo: Futura, 2001.

KNAPP, J.; ZERATSKY, J.; KOWITZ, B. **Sprint**: o método usado no Google para testar e aplicar novas ideias em apenas cinco dias. Rio de Janeiro: Intrínseca, 2017.

KOLKO, J. **Exposing the Magic of Design**: a Practitioner's Guide to the Methods and Theory of Synthesis. New York: Oxford Press, 2011.

KUMAR, K.; KURNI, M. (Org.). **Design Thinking**: a Forefront Insight. Boca Raton: CRC, 2022.

LEVITT, T. **Miopia no marketing**. Lisboa: Actual, 2022.

LEWRICK, M. **Design Thinking for Business Growth**: How to Design and Scale Business Models and Business Ecosystems. New Jersey: Wiley, 2022.

LEWRICK, M.; LINK, P.; LEIFER, L. **A jornada do Design Thinking**: transformação digital, prática de equipes, produtos, serviços, negócios e ecossistemas. Rio de Janeiro: Alta Books, 2019.

LIEDTKA, J.; OGILVIE, T. **A magia do Design Thinking**: um kit de ferramentas para o crescimento rápido de sua empresa. Rio de Janeiro: Alta Books, 2019.

MALHOTRA, N. **Pesquisa de marketing**: foco na decisão. 3. ed. São Paulo: Pearson, 2010.

MENNA BARRETO, R. **Criatividade em propaganda**. São Paulo: Summus, 1982.

MULLER-ROTERBERG, C. **Design Thinking for Dummies**. New Jersey: Willey, 2020.

NORMAN, D. **O design do dia a dia**. São Paulo: Anfiteatro, 2006.

NORMAN, D. **User Centered System Design**: New Perspectives on Human-Computer Interaction. Boca Raton: CRC Press, 1986.

PAGANI, T. **Design Thinking**. São Paulo: Senac São Paulo, 2017.

PRESSMAN, A. **Design Thinking**: a Guide to Creative Problem Solving to Everyone. New York: Routledge, 2019.

RAMS, D. **Ten Principles for Good Design**. Munich: Prestel Publishing, 2021.

RIES, E. **A startup enxuta**: como usar a inovação contínua para criar negócios radicalmente bem-sucedidos. São Paulo: Sextante, 2019.

SAMARA, B. S.; MORSCH, M. A. **Comportamento do consumidor**: conceitos e casos. São Paulo: Pearson, 2005.

SEBRAE – Serviço Brasileiro de Apoio às Micro e Pequenas Empresas. Disponível em: <https://sebrae.com.br/sites/PortalSebrae>. Acesso em: 30 jan. 2024.

SERAFIM, L. **O poder da inovação**: como alavancar a inovação na sua empresa. São Paulo: Saraiva, 2012.

SILVA, F.; SILVEIRA, G. (Org.). **Entre caminhos**: reflexões sobre planejamento, perspectivas educacionais e possibilidades de aprendizagem. Curitiba: CRV, 2020.

SILVA, J. L. D.; STATI, C. **Prototipagem e testes de usabilidade**. Curitiba: InterSaberes, 2022.

SILVEIRA, G. **Criação de storyboard e storytelling**. São Paulo: Platos Soluções Educacionais, 2023a.

SILVEIRA, G. **Gamificação na educação**. Idaial: Uniasselvi, 2022a.

SILVEIRA, G. **Narrativas interativas e imersivas**: jogos digitais. São Paulo: FAAP, 2023b.

SILVEIRA, G. **O pensamento de Pierre Lévy**: comunicação e tecnologia. Curitiba: Appris, 2019.

SILVEIRA, G. **Planejamento e gestão de projetos de jogos digitais**. São Paulo: Platos Soluções Educacionais, 2021.

SILVEIRA, G. **Publicidade e propaganda**. Idaial: Uniasselvi, 2022b. SKETCH. Disponível em: <https://www.sketch.com>. Acesso em: 30 jan. 2024.

STAKE, R. **Pesquisa qualitativa**: estudando como as coisas funcionam. Porto Alegre: Penso, 2011.

UEBERNICKEL, F. et al. **Design Thinking**: the Handbook. Singapura: World Scientific Publishing, 2020.

VIANNA, M. et al. **Design Thinking**: inovação em negócios. Rio de Janeiro: MJV Press, 2012.

YAYICI, E. **Design Thinking Methodology Book**. [S.l.]: ArtBizTech, 2016.

ZIKMUND, W.; BABIN, B. **Princípios da pesquisa de marketing**. São Paulo: Cengage, 2011.

RESPOSTAS

CAPÍTULO 1

Questões para revisão

1. O design centrado no usuário é uma abordagem para a concepção e o desenvolvimento de produtos, serviços e sistemas que coloca o usuário como peça central do processo criativo, garantindo que suas necessidades, desejos e expectativas sejam compreendidos e atendidos de forma eficiente e satisfatória. O objetivo é criar experiências significativas, intuitivas e agradáveis para os usuários, o que resulta em propostas de produtos e serviços mais acessíveis, utilizáveis e atraentes.

2. A inovação pode ser classificada das seguintes formas: 1) inovação de produto, cujo objetivo é incrementar ou modificar os atributos do produto e, consequentemente, a forma como ele é percebido por seus consumidores; 2) inovação de processo, que objetiva mudar a forma como produtos e serviços são criados e disponibilizados ao consumidor; 3) inovação de posicionamento, que busca inovar na forma como o produto (ou sua categoria) é percebido pelo consumidor; 4) inovação de paradigma, cujo foco é mudar os modelos mentais que orientam o que a empresa faz, o que geralmente acaba por se materializar numa mudança do modelo de negócios da empresa.

3. e

   O princípio de *affordance* expressa a relação entre um objeto e a pessoa que interage com ele e refere-se à capacidade do agente de intuitivamente compreender como o objeto pode ser usado. Assim, a afirmação III está errada, enquanto as outras estão certas.

4. c

   É no estágio de ideação que o time de design thinking busca o maior número possível de ideias, para então refiná-las e chegar a um punhado de ideias promissoras.

5. c

   Todas as afirmações são verdadeiras.

CAPÍTULO 2

Questões para revisão

1. A etapa de empatia no processo de design thinking é o ponto de partida em que os designers buscam compreender profundamente necessidades, emoções, desafios e perspectivas dos usuários para os quais estão criando um produto, serviço ou solução. Envolve sair do ponto de vista interno da equipe de design e mergulhar na realidade dos usuários para compreender profundamente sua vida, seus desafios e suas aspirações. Isso fornece uma base sólida para as fases subsequentes do processo de design thinking.

2. Os conceitos de captura, transformação e preparação são interligados e constituem os passos fundamentais da etapa de empatia no processo de design thinking. Eles garantem que a equipe de design obtenha uma compreensão profunda e rica das perspectivas dos usuários, permitindo que sejam abordados os desafios de design de maneira mais informada e voltada para as necessidades reais dos usuários. Na fase de captura, a equipe de design procura coletar uma ampla variedade de informações diretamente dos usuários e das situações em que eles interagem com o problema que está sendo abordado. Na fase de transformação, uma vez que as informações foram coletadas, a equipe de design começa a processar esses dados para extrair padrões e *insights* significativos. Na fase de preparação, depois de compreender as informações coletadas e transformadas, a equipe de design começa a sintetizar esses *insights* de uma maneira que eles possam ser usados como base para a geração de ideias e a criação de soluções.

3. a

As afirmações I e III estão corretas. A afirmação II é incorreta porque a etapa de empatia dá preferência à investigação das atividades humanas nos locais em que elas acontecem e não em laboratórios. A afirmação IV está incorreta porque a metodologia do design thinking orienta que não se aceitem diagnósticos de problemas sem questioná-los.

4. c

A imersão preliminar serve para gerar uma familiarização com o problema, dando subsídios para o entendimento do problema, dos usuários envolvidos e do contexto no qual a solução será implementada. Na imersão em profundidade, busca-se acumular informações relevantes para serem usadas no processo de design. O cartão de *insight* é uma forma dinâmica e visual de se fazer a síntese das informações coletadas. O diagrama de afinidades é construído de modo a organizar uma grande quantidade de informações em grupos lógicos.

5. c

A afirmação "Os cartões de *insight* só devem ser preenchidos ao término de toda a etapa de empatia" é falsa pois os cartões de *insight* podem ser preenchidos a qualquer momento do processo de empatia. As outras afirmações são verdadeiras.

CAPÍTULO 3

Questões para revisão

1. A etapa de definição no design thinking é um ponto crucial e ocorre depois da fase de empatia. Nessa etapa, a equipe de design procura transformar todas as informações e os *insights* obtidos em um problema claramente definido e compreendido, elaborando uma declaração do problema ou desafio que orientará todo o processo do design, de modo a garantir que a equipe esteja resolvendo o problema certo. Para fazerem isso, os designers se concentram em entender as necessidades reais do usuário, identificar oportunidades de melhoria e definir um escopo para o projeto.

2. O conceito de *reframing* refere-se a uma abordagem que busca reinterpretar ou reformular um problema, desafio ou situação a partir de diferentes perspectivas, a fim de descobrir novas soluções criativas, olhando para o problema de modos não convencionais, desafiando pressuposições e explorando ângulos inesperados. A técnica é particularmente útil quando a equipe de design se depara com um problema complexo ou mal definido. Em vez de abordar o problema de modo tradicional, o *reframing* permite o uso de diversas abordagens, identificando aspectos do problema que não eram inicialmente óbvios.

3. d

No design thinking, a criação de personas é uma prática essencial que envolve pesquisa empírica para entender os usuários reais. As personas são baseadas em dados coletados por meio de entrevistas, observações e análises de dados para criar representações fictícias dos usuários. Além disso, é importante manter as personas atualizadas à medida que o projeto progride para garantir que elas continuem sendo representações precisas dos usuários e orientem eficazmente o processo de design.

4. c

A primeira afirmação é verdadeira pois o mapa de empatia é uma ferramenta projetada para aprofundar a compreensão dos usuários, incluindo seus sentimentos, necessidades e motivações. A segunda afirmação também é verdadeira pois o mapa de empatia geralmente inclui uma seção para representar as dores dos usuários, que se referem a problemas e desafios enfrentados por eles. A terceira afirmação é falsa pois o mapa de empatia não se concentra principalmente em dados demográficos, mas em aspectos emocionais, comportamentais e psicográficos dos usuários. A quarta afirmação é verdadeira pois o uso do mapa de empatia no design thinking é essencial para cultivar empatia genuína com os usuários, o que, por sua vez, ajuda a criar soluções mais centradas no usuário.

5. d

A jornada do usuário no design thinking é uma representação visual que descreve as etapas e emoções que os usuários vivenciam ao interagir com um produto, serviço ou sistema, desde o momento em que eles encontram um problema ou necessidade até a experiência completa. As demais alternativas não estão diretamente relacionadas à descrição da jornada do usuário no contexto do design thinking.

CAPÍTULO 4

Questões para revisão

1. A etapa de ideação no processo de design thinking é o momento em que o time de design se reúne para gerar uma ampla variedade de ideias criativas e inovadoras relacionadas a um problema ou desafio específico. Durante essa fase, a ênfase está na geração de quantidades abundantes de ideias, sem uma preocupação inicial com a qualidade ou a viabilidade. O objetivo é abrir a mente para diferentes perspectivas, soluções e abordagens, estimulando a criatividade e o pensamento "fora da caixa". Após a sessão de ideação, as ideias são agrupadas e refinadas. Em seguida, são selecionadas as mais promissoras para seguirem adiante no processo de design thinking.

2. A semana de design sprint é estruturada em cinco dias, cada um dedicado a uma tarefa específica: mapear, esboçar, decidir, prototipar e testar, respectivamente. Na segunda-feira, é definido o problema e criado um mapa dele, com a identificação de seus pontos críticos, sendo compartilhados os conhecimentos do grupo. A terça-feira é dedicada aos desenhos de esboços de soluções para o problema proposto. Na

quarta-feira, é feita a triagem, com o ajuste e a seleção das ideias mais promissoras. A quinta-feira é dedicada exclusivamente à criação do protótipo da ideia selecionada. Finalmente, na sexta-feira, é testado o protótipo com usuários e são consolidados os aprendizados, encerrando-se o ciclo.

3. c

No processo de design thinking, o *brainstorming* é uma etapa em que a ênfase está na geração de uma grande quantidade de ideias, sem julgamento inicial, para explorar diversas perspectivas. Portanto, as afirmações III e IV são verdadeiras, enquanto as afirmações I e II são falsas, pois o *brainstorming* busca a quantidade de ideias, orientando que é necessário suspender o julgamento crítico num primeiro momento.

4. d

A primeira afirmação é falsa pois, em um *workshop* de cocriação, a colaboração de diversas perspectivas, incluindo a dos usuários finais, é essencial para gerar soluções centradas no ser humano. A terceira afirmação também é falsa pois a contribuição de todos não só é desejável como é estimulada. A segunda e a quarta afirmações são verdadeiras.

5. e

Durante a etapa de ideação em design thinking, é essencial avaliar a viabilidade das ideias, considerando se podem ser implementadas de maneira prática e eficaz. Além disso, é importante que a proposta criativa seja avaliada quanto à sua capacidade de resolver efetivamente o problema do usuário, garantindo-se que seja uma solução valiosa e relevante.

CAPÍTULO 5

Questões para revisão

1. A etapa de prototipagem no processo de design thinking é o estágio em que ideias e conceitos são transformados em representações tangíveis e visuais, chamadas de

protótipos. Esses protótipos podem ser modelos, maquetes, desenhos, esboços, simulações ou até mesmo versões simplificadas de um produto ou serviço. O objetivo principal dessa etapa é criar algo que possa ser experimentado e testado para se obter um *feedback* valioso, permitindo que os designers e as equipes testem, refinem e comuniquem suas soluções de maneira mais eficaz, antes de avançar para a implementação final.

2. A principal diferença tem relação com a profundidade de detalhes e o momento em que são usados. Protótipos de baixa fidelidade são mais abstratos, econômicos e adequados para explorar ideias iniciais, enquanto os de alta fidelidade são mais detalhados e realistas, sendo utilizados para testar e refinar aspectos específicos do design em estágios mais avançados do processo. Ambos os tipos de protótipos desempenham papéis importantes na abordagem iterativa do design thinking.

3. b

A afirmação I é incorreta pois a jornada do usuário é mais bem visualizada por meio da criação de um mapa da jornada do usuário. A afirmação III é incorreta pois o *storyboard* pode ser utilizado em qualquer etapa do design thinking e não é uma representação altamente detalhada e finalizada. As afirmações II e IV são corretas pois o *storyboard* é eficaz na geração de *insights*, bem como torna possível a materialização de conceitos mais abstratos, como serviços, modelos de negócios e processos.

4. c

A primeira afirmação é verdadeira pois a observação direta é uma técnica em que a equipe de design observa as interações do usuário de modo a obter *insights*. A segunda afirmação é falsa pois as entrevistas com usuários são geralmente utilizadas para coletar dados qualitativos, como histórias, opiniões e sentimentos, o que ajuda a equipe a compreender as necessidades e motivações do usuário. A terceira afirmação é verdadeira pois a empatia é fundamental para a utilização de observação e entrevista, ajudando a equipe a se conectar emocionalmente com os usuários. A quarta afirmação é falsa pois a observação e as entrevistas são relevantes em todas as fases do design, não apenas na prototipagem, sendo muito utilizadas na etapa de empatia.

5. c

No design thinking, a realização de testes com os usuários desempenha um papel fundamental na identificação de oportunidades para melhorias e inovações. Durante esses testes, os usuários interagem com protótipos ou soluções em estágios iniciais de desenvolvimento, fornecendo um *feedback* valioso que ajuda a equipe de design a compreender as necessidades dos usuários e aprimorar as soluções de forma iterativa.

CAPÍTULO 6

Questões para revisão

1. A etapa de implementação no processo de design thinking é a fase em que as ideias e os conceitos gerados nas etapas anteriores começam a se tornar realidade. Nesse estágio, a equipe trabalha para transformar os *insights*, protótipos e planos, concebidos durante as fases de empatia, definição e ideação, em soluções concretas e prontas para serem usadas ou testadas pelos usuários. Durante a implementação, a equipe cria versões tangíveis das soluções, que podem incluir produtos, serviços, sistemas, interfaces de usuário, campanhas de *marketing*, entre outros, dependendo do problema que está sendo abordado. Essa fase envolve planejamento detalhado, desenvolvimento, testes, ajustes e, finalmente, a entrega da solução ao público-alvo.

2. Para assegurar que o processo de implementação das soluções seja

genuinamente centrado no usuário e proporcione uma experiência excepcional e satisfatória, é essencial adotar uma abordagem orientada pela empatia. Isso implica entender profundamente as necessidades, os desejos e os desafios dos usuários durante todo o ciclo de design. Durante a implementação, é crucial empregar a prototipagem iterativa, permitindo testes e ajustes com base no *feedback* dos usuários antes da implementação completa. Além disso, manter uma comunicação contínua com os usuários e as partes interessadas no decorrer do processo é fundamental para incorporar *insights* e perspectivas. Após a implementação, o monitoramento contínuo da experiência do usuário e a capacidade de fazer melhorias de forma ágil para atender às mudanças nas necessidades dos usuários são elementos essenciais.

3. e

As afirmações I, III e IV estão corretas porque o design thinking promove uma cultura de inovação, encorajando a experimentação, a colaboração e a disposição para assumir riscos, e enfatiza a empatia e o foco no cliente, promovendo uma cultura organizacional focada no cliente; ademais, implementar o design thinking geralmente requer mudanças significativas na cultura organizacional. A afirmação II está incorreta pois o design thinking valoriza a colaboração e a flexibilidade em vez da hierarquia e da autoridade centralizada.

4. d

A primeira afirmação é falsa pois o alinhamento com a organização e o mercado é fundamental no design thinking e não menos relevante do que a criatividade – ambos têm igual importância. A segunda afirmação é verdadeira porque o alinhamento com a organização envolve compreender os valores, os objetivos e a cultura da empresa de modo que as soluções estejam alinhadas com a missão e a visão da organização. A terceira afirmação é verdadeira pois o alinhamento com o mercado se refere à compreensão de necessidades e preferências dos clientes para que as soluções atendam às demandas do público-alvo. A quarta afirmação é falsa pois o design thinking requer considerações profundas sobre a organização e o mercado, buscando equilibrar a criatividade com a viabilidade e a relevância.

5. a

Para garantir o sucesso da implementação de projetos no contexto do design thinking, a criação de um plano-piloto é uma etapa crucial. O plano-piloto deve começar com uma definição clara, identificando os objetivos específicos que se deseja alcançar. Também é essencial determinar um período de testes, durante o qual o plano-piloto será executado. Nessa fase, é importante coletar dados valiosos e *feedback* dos usuários para informar as melhorias necessárias antes da implementação completa.

SOBRE O AUTOR

Guaracy Carlos da Silveira é bacharel em Comunicação com habilitação em Publicidade e Propaganda pela Fundação Armando Álvares Penteado, especialista com MBA em Gestão Estratégica do Ensino pela Universidade de Santo Amaro, mestre em Comunicação Científica e Tecnológica pela Universidade Metodista de São Paulo, doutor em Educação, Arte e História da Cultura pela Universidade Presbiteriana Mackenzie e doutor em Design pela Universidade Anhembi Morumbi. Tem 30 anos de experiência docente em cursos superiores e de pós-graduação, lecionando disciplinas nas áreas de comunicação, *marketing*, design, educação, jogos digitais e metodologia da pesquisa. Sua disciplina mais recente foi a de Direção de Arte para Campanhas em Texto no MBA em Marketing, Publicidade e Construção de Imagem com Washington Olivetto. Atuou como coordenador de curso superior em três diferentes universidades por 10 anos. No mercado, atuou como consultor de desenvolvimento estratégico para instituições de ensino, consultor de planejamento estratégico para agências de comunicação e consultor de *marketing* para desenvolvimento de jogos digitais, além de ser empreendedor com uma *startup* na área de jogos digitais. É autor das seguintes obras:

O pensamento de Pierre Lévy (2019), *Gamificação na educação* (2022), *Planejamento e gestão de projetos de jogos digitais* (2021), *Criação de storyboard e storytelling* (2023), *Narrativas interativas e imersivas* (2023) e *Publicidade e propaganda* (2022). Também é o responsável pela organização da coletânea *Entre caminhos: reflexões sobre planejamento, perspectivas educacionais e possibilidades de aprendizagem* (2020).

Os livros direcionados ao campo do Design são diagramados com famílias tipográficas históricas. Neste volume foram utilizadas a **Garamond** – criada pelo editor francês Claude Garamond em 1530 e referência no desenho de fontes pelos próximos séculos – e a **Frutiger** – projetada em 1976 pelo suíço Adrian Frutiger para a sinalização do aeroporto Charles de Gaulle, em Paris.

Impressão:
Junho/2024